舍利子，是什麼？

洪宏◎著

馬來西亞陳師兄供養的舍利子。（馬來西亞《福報》提供）

誰留下史上第一顆舍利子？

佛教徒大抵認爲第一顆舍利子出現在兩千六百年前，在印度拘夷城中釋迦牟尼佛涅槃荼毗後，因此不少經典如《長阿含經》等皆有記載。

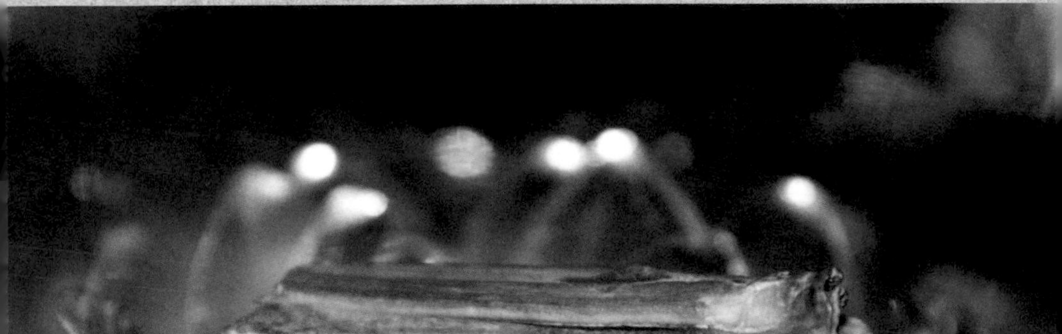

供奉在北京靈光寺的佛牙舍利，是當今世上僅存的佛牙舍利之一。（《澳門佛教》提供）

釋迦牟尼佛舍利。(台北市護持大乘法脈基金會提供)

釋迦牟尼佛血舍利。(台北市護持大乘法脈基金會提供)

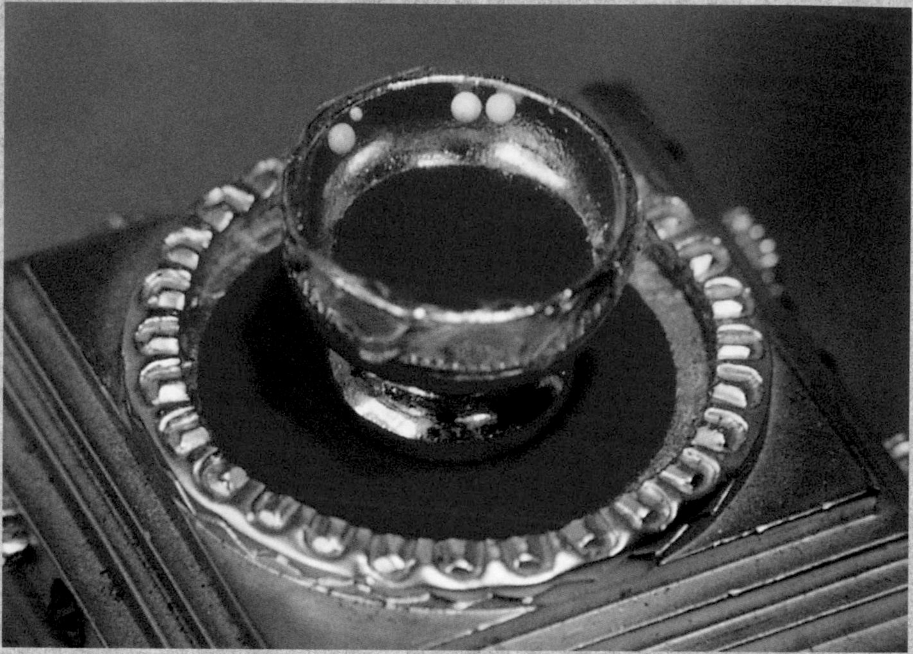

阿底峽尊者舍利。（台北市護持大乘法脈基金會提供）

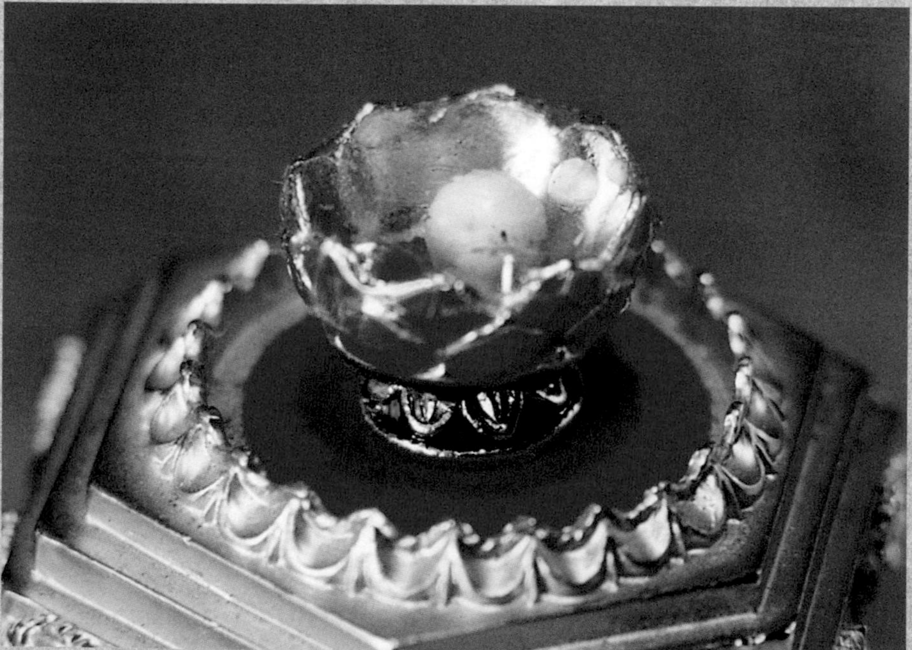

宗喀巴大師牙舍利。（台北市護持大乘法脈基金會提供）

迦葉佛牙舍利。(台北市護持大乘法脈基金會提供)

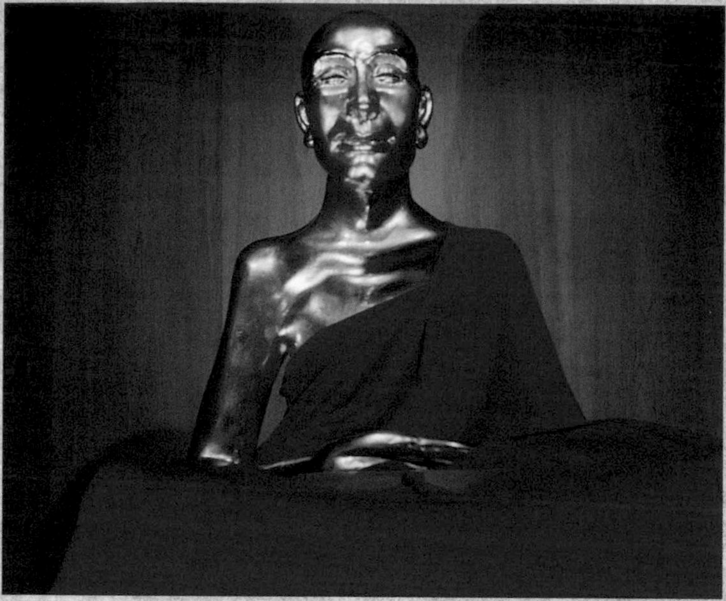

台灣第一位修得全身舍利的慈航法師。(陳志宏 攝)

體積較大的是羅漢舍利。(馬來西亞《福報》提供)

默默修成的瀛妙老和尚全身舍利。(陳志宏 攝)

以紅花供養的舍利子。(台北市護持大乘法脈基金會提供)

泰安法師舍利子。(陳志宏 攝)

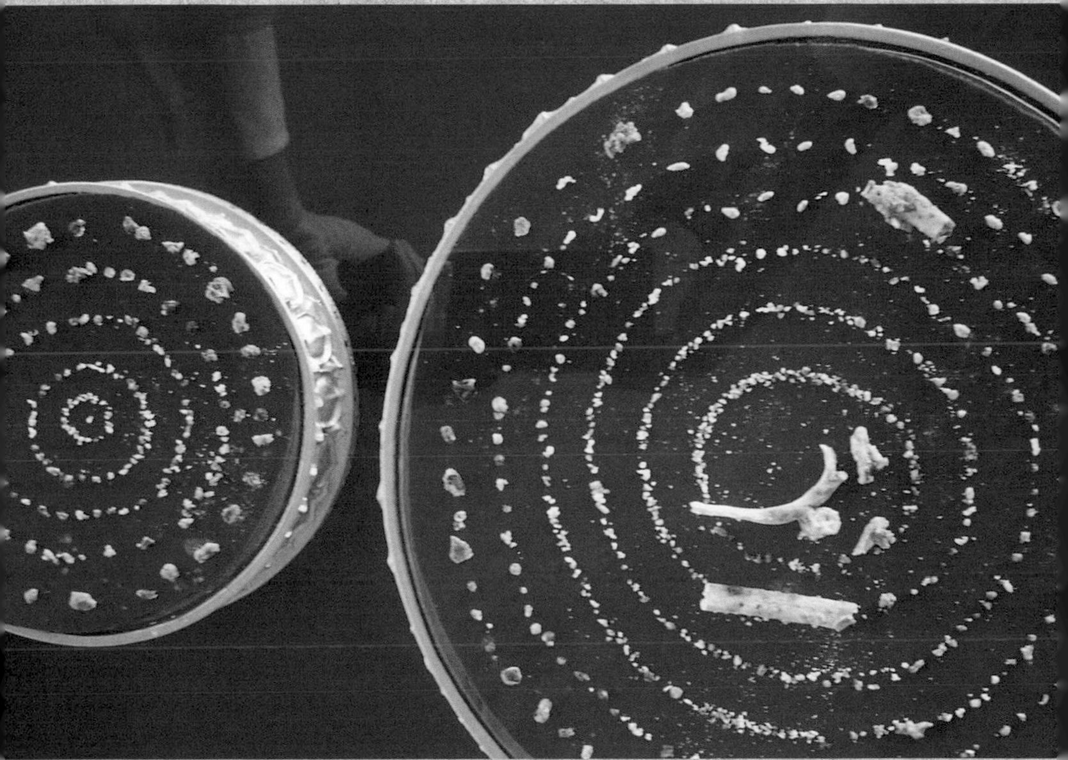

泰安法師舍利子。(陳志宏 攝)

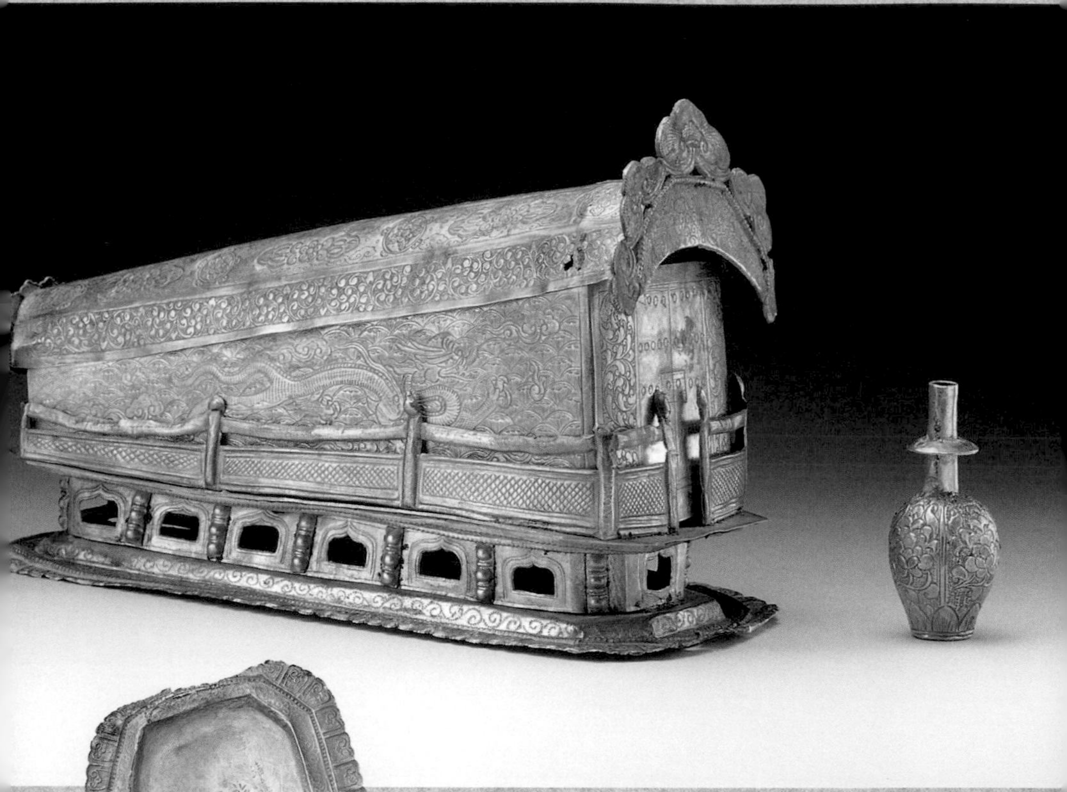

清寧五年銀鎏金舍利棺與金舍利瓶，瓶高6.5 cm，棺高23.5 cm。（震旦文教基金會提供。遼，1060）

清寧五年銀鎏金舍利棺底部特寫。（震旦文教基金會提供）

靈鷲山心道法師供奉的舍利子。（李信男 攝）

置於砂岩舍利棺內的舍利聖物。（震旦文教基金會提供。北宋，960～1126）

此舍利棺外層為石棺，內層為金銅舍利棺。（震旦文教基金會提供）

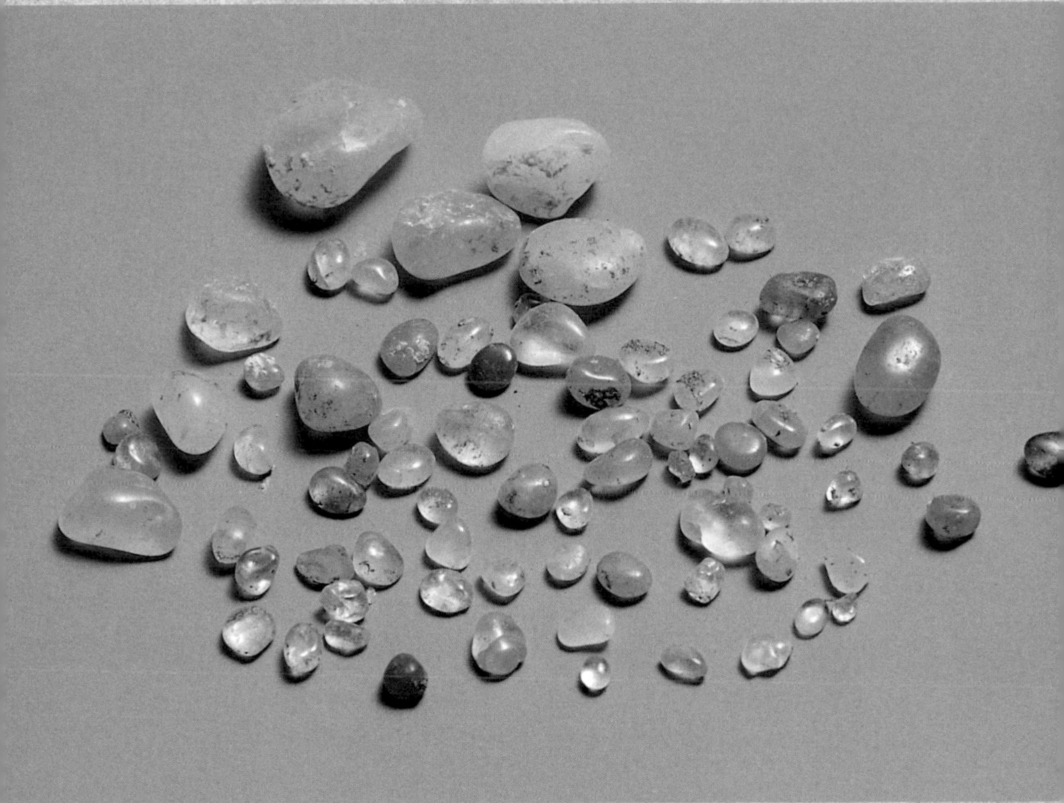

舍利聖物，最大顆直徑 0.5 cm。（震旦文教基金會提供）

各式舍利瓶。(震旦文教基金會提供)

舍利聖物。(震旦文教基金會提供)

銀鎏金舍利瓶，高 6.5 cm。(震旦文教基金會提供。北宋，960 ～ 1126)

琉璃舍利瓶與舍利聖物，高 4.5 cm。
(震旦文教基金會提供。北宋，960 ～ 1126)

佛陀紀念館為供奉佛陀眞身舍利而建，「本館」是佛陀紀念館的主體建築，也是供奉佛陀眞身舍利之所在，代表「本師釋迦牟尼佛」。（佛光山佛陀紀念館提供）

玉佛殿內供奉以緬甸珍奇白玉雕成的臥佛，臥佛上方供奉佛陀眞身舍利，是全世界僅存的三顆佛牙舍利之一，彌足珍貴，這也是佛陀紀念館興建的因緣所在。(佛光山佛陀紀念館提供)

台灣佛光山佛陀紀念館供奉之佛舍利塔，內供奉殊勝的佛牙舍利。
（佛光山佛陀紀念館提供）

目次

3

4

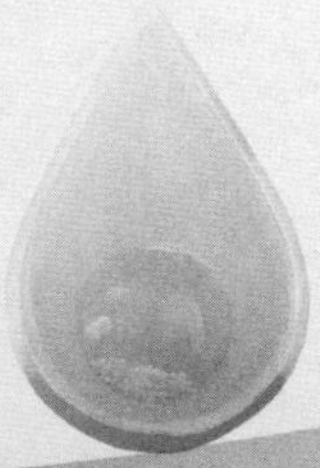

15

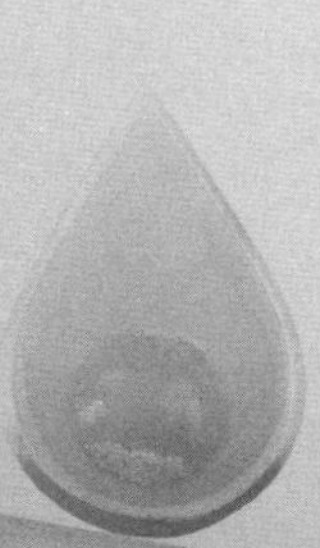

【引言】

佛舍利之由來、感應及供養功德，與佛牙舍利來台因緣

撰文：依空法師

佛舍利的由來與流傳

一、舍利的意義

舍利的梵語 śarīra 爲遺骨之意，巴利語則爲 sarīra。爲遺骨之意。亦作實利、設利羅、室利羅。意譯體、身、身骨、遺身。通常指佛陀的遺骨，佛陀遺體焚化後結晶而成的固體物，如佛舍利、佛骨、佛牙舍利、佛指舍利等等。按照佛教的觀念，舍利和一般凡夫俗子的遺骨是有根本區別的，由於它的形成原因，既非生理上的關係，也非食物的結晶，而是日積月累長年修持，功德昭著的成就標誌，是戒、定、慧三學熏修的成果，如《金光明經》卷四〈捨身品〉云：「舍利

者，是戒定慧之所熏修，甚難可得，最上福田。」

二、佛舍利的由來

《長阿含經》卷三的《遊行經》記載，釋迦牟尼佛將近涅槃時，囑咐弟子阿難：你安葬我時，先用香湯洗浴，以新劫貝（指比丘眾能著用的十種衣服之一，爲棉布所製成。）纏遍周身，再用上妙白氎五百張重新纏裹。預備棺槨三重，最裡層的金棺以麻油灌滿，放入第二重大鐵槨中，鐵槨外再套一重旃檀香槨。在香槨上鋪蓋華衣名香，點火焚化，然後收取舍利，在道旁建立塔廟，懸掛彩繒，供奉舍利，使眾多行人都能觀瞻佛塔，從而宣揚如來佛法。

相傳釋迦佛在拘尸那城沙羅雙樹下涅槃後，大地震動，山頂崩壞，巨星隕落。按照佛陀的囑咐，葬禮準備了六天之久。到了第七天，眾人抬著遺體往城南火化，當柴木堆積在棺槨四周後，柴堆竟自然起火，火焰沖天，棺槨遺體迅速消失，只剩下一堆晶瑩的舍利，天上落下雨水熄滅了火焰。拘尸那城的末羅族人將舍利取往議事廳中，他們的廳中以茅圍成籬，以弓作欄杆，把佛骨舍利圍在中間，呈獻花環、香料等供品，以表禮敬。

舍利的感應

舍利是釋迦牟尼佛的眞身，爲信奉者虔誠供養，常有異象瑞應顯示於世，諸如奉安於地下或塔中均能放光照耀，祥光滿溢，色澤更是多彩繽紛，香氣四傳，常有眾多護法天神前來禮拜等等。這些殊勝在宋仁宗〈御製舍利讚〉中有詳實記載：

「金骨靈瑩體可誇，毫光一道透雲霞；鐵鎚任打徒勞力，烈火焚燒色轉加。歷代君王曾供養。累朝天子獻香花，年年只聞瞻舍利，何曾頂帶老君耶？」千百年來舍利的感應，因人而異，千變萬化。關於舍利的瑞應事蹟，百姓、歷史均有諸多記載，茲舉犖犖大者：

一、為法弘傳，佛陀加持——康僧會大師感得舍利度孫權

康僧會大師，是三國時代的譯經僧。

當時正值吳國孫權管轄江東一帶，佛法初傳吳地之時，教化未開，師為令佛法快速振興於江東，特於吳赤烏十年（西元二四七年）至建業（南京）設置佛像行道，且終日香火不絕、禮拜、坐禪、至市集處托缽，以利弘傳佛法。不久有人訴於吳主孫權，孫權召見師且詰問：「汝輩修行有何靈驗？」師答道：「如來涅槃至今已千年，但所遺舍利，神彩照耀。從前阿育王建塔八萬四千座，大興供養，那些宏偉的塔寺，不正表示佛陀教化的廣被與深厚嗎？」孫權不信，以為夸誕不實，即對師說：「只要你能得到佛的舍利，我就造塔供養。」

康僧會大師遂召集徒眾宣示：「當今佛法是否能於此地興盛，端賴此一善

舉，我們現在如不至心祈禱，今後佛法將何以傳揚？」即與徒眾齋戒沐浴，將鋼瓶安置案上，虔誠焚香禮請，竟於三七日內感得舍利。孫權感其威神，遂皈依佛門，同時下令即日興建塔寺，傳道譯經，供養舍利。這是中國吳地建寺之始。故名建初寺，並將該地更名為佛陀里。江東佛教因此得以興盛，亦為佛教傳入我國南方之嚆矢。

二、人有誠心，舍利感應——慧達法師感得瑞應

西晉慧達法師，俗名劉薩何。有一日突然暴斃，神識悠悠中見一梵僧，告訴他生時造下深重罪業，本該進地獄受罰的，因憐愍他無知犯錯，故放他還陽，重懺前愆。他問滅罪之法。梵僧云：「今洛下、齊城、丹陽、會稽皆有古塔，還有浮在江中的石像，都是阿育王所造，可前往勤加禮懺，得免罪業。」亡而復生的慧達，先到會稽山邊海畔，四處遍尋，卻茫無所見。復經千山萬水，猶未尋著，

心灰意冷之下，在荒野中失聲痛哭。午夜時分，忽有鐘聲從地下隱約傳出，於是就地剡木爲刹，虔誠禮拜，持續三天後，一座寶塔和舍利從地湧現。

果然是人有誠心，佛有感應，慧達法師受到無比鼓舞，繼續尋訪古塔。東晉孝武太元末年，他來到金陵長干。每日禮拜不輟。一日，見地上放光，循光深挖丈許，又發現三塊石碑，長達六尺。在中央碑上的鑿孔處，竟有一鐵函，內有銀函，再開銀函，竟還有一個金函，金函裡有三顆舍利，光明照耀，繽紛多彩。並有佛指甲一枚和長髮一綹，均光采奕奕，都是阿育王年代所藏的佛陀舍利、佛陀指甲、佛髮等，皆是曠世之寶。

三、未聞而知，感夢舍利——竟陵王文宣夢中見舍利

南朝法獻法師，劉宋元徽三年（西元四七五年）至于闐國（今新疆）廣學法義。學成返建康（今南京），臨行時。有僧贈一銅匣。言明內有佛牙，乃曠世之

寶，要他帶回南方好好供養、護持，努力宏揚佛法。

法獻帶回佛牙後，因感於寶物稀有，恐生事端，不敢告訴他人。齊武帝時，掌禮教的司徒竟陵王文宣，永明七年（西元四八九年）六月二十九日，夢見自己到定林去見法獻，法獻臥病在床，他就問法獻說：「生老病死這四種苦。就是有五神通的人也免不了，法師您除了衣缽之外的珍藏物，可不可以拿出來做功德呢？」法獻回答他說：「貧道的庫存裡，有無價的神寶，我很恭敬的託付給你。你就自己去拿吧！」

於是文宣就到櫃子去找，在抽屜中只見到一些佛像，後來看到一個小匣子懸在虛空中，打開匣子，見匣內放光，但光色並不持久，光中的佛像若有似無，非常神奇，一會兒文宣就醒過來了。

後來文宣派人向法獻懇請：「法師的庫藏中。一定有異寶，是否可以惠賜？」由於事出突然，法獻一時不知所措，無法以對，經過苦苦思索才恍然大悟，原來文宣要的是佛牙。於是親自把佛牙送到文宣處，並慨歎佛牙一事本無人知曉，文宣竟然能由夢中感應，眞是不可思議。

供養舍利的功德

佛教徒對於佛陀的舍利，普遍存有難遭難遇之想。因此若能值遇，無不興起虔誠禮敬供養之心，深信舍利所在，即法身所在。供養舍利，即如同禮拜佛陀，可植大福田，種下成佛的因緣，成就大菩提。

佛經中記載供養舍利的功德列舉如下：

一、《福報經》云：「供養皈依舍利者，死後百劫不墮地獄，受天上人中富樂，終得羅漢果。舍利變化無方，或現佛界，神通力自在故。」

二、《大智度論》云：「供養舍利人常受天福，不墮三途，生天得果如無上尊。」

三、《作佛形像經》云：「若有人住慈悲心，叉手禮拜舍利塔者，命終後往生西方佛國。」

四、《最勝王經》云：「諸眾生於舍利興供養者，生生世世遠離八難處，值遇諸佛，令出離生死。」

綜合上述經典所言，供養舍利的功德如下：

1. 遠離八難，不墮三途。
2. 世世出生富貴之家。
3. 增福增慧，可證得阿羅漢果。
4. 精進修行，往生淨土有分。
5. 於未來世可當釋天王、梵天王，或轉輪聖王。
6. 值遇諸佛，令出離生死。

總之，舍利是由甚深般若波羅蜜多功德熏修而成，具足無漏功德，可為人天表率，亦是人天一切眾生禮敬供養之對象；可啓發眾生向上、向善之力量，於人類有感化教育之作用與恩德。

四顆佛牙的流傳

佛陀涅槃後，全身碎為細粒舍利，留下四顆牙齒不壞。四顆佛牙舍利，一顆由忉利天帝迎至天庭，另外三顆舍利遺留人間，茲述如下：

一、忉利天的佛牙舍利

佛陀入滅荼毗火化後，忉利天主帝釋天手持七寶瓶和供養具，來到佛陀荼毗的地方，此火瞬間自然熄滅。帝釋天開啓如來寶棺，想請出佛牙。阿那律就問天神說：「您不要自己取，可以等待大眾來共同分配。」帝釋天說：「佛陀先前答應要給我一顆牙舍利，因此我一來，火自熄滅。」帝釋天說完此話，馬上打開寶棺，在佛口上頷取一顆牙舍利，於忉利天宮起塔供養。（出自《大般涅槃經》）

另外，在《觀虛空藏菩薩經》中，也記載著忉利天城北駕御園供有佛牙舍利之事。

二、錫蘭的佛牙舍利

錫蘭坎底市之馬拉葛瓦寺珍藏一顆佛牙舍利，被錫蘭視爲國寶，該寺又稱爲佛牙寺。據齊耳瓦所著《佛牙史》記載：佛涅槃荼毗後，留下頭蓋骨、兩根鎖骨和四顆牙齒。其中，有一顆牙齒落在聖者克馬的手中。後來，克馬聖者將這顆佛牙交與迦餕伽國王婆羅門達特供養，西元三七一年，迦餕伽的鄰國欲奪取舍利，而與迦餕伽發生戰爭。當時迦餕伽的國王名爲哥啥塞瓦，唯恐被鄰國奪去，命女兒赫曼曼麗將佛牙送到錫蘭。錫蘭國王吉特刹利彌文虔誠信佛，得此無價之寶，特在王室附近修一座佛寺來供養佛牙，並規定每年八月一日起至十二日止為佛牙節，每日晚間八時至十一時在坎底市，舉行歷時十二天的佛牙舍利遊行，稱為坎底遊行盛會，可見佛牙之受崇敬。

這顆佛牙迎至錫蘭時，正逢吉祥雲色王在位之世（西元三六二～三八九年），不僅受到最高的禮敬，成為國寶。其後歷代國王即位之前，皆須先取得供養佛牙之權，始能得到人民的擁護。

十四世紀初，南印度塔米爾人入侵，並劫取佛牙。波洛卡摩婆訶王三世（西元一三〇二～一三一〇年在位）時，以和平方式迎回佛牙。其後，錫蘭仍戰亂不止，佛牙亦隨之不斷遷移地點秘藏。

西元一五〇五年，葡萄牙人登陸，極力迫害佛教信仰，王都又輾轉遷移到坎底市，並在此建佛牙寺以供奉佛牙。西元一五六〇年，葡萄牙人將佛牙送到印度果阿地方燒毀，然而數年後，佛牙再度出現於世，傳說燒毀之佛牙乃係贋品。

佛牙舍利來台因緣

佛陀涅槃後，火化荼毗之時，因為大悲力的緣故，為眾生留下不滅法身，全身碎為細粒舍利，唯有留下四顆牙齒沒有沮壞。忉利天主帝釋天旋即於佛口上頜取一顆佛牙舍利，於忉利天宮起塔供養。

另有三顆佛牙舍利遺留於人間，一顆佛牙由印度傳至師子國，現在被珍藏在錫蘭坎底市（Kandy）的馬拉葛瓦寺（Malagawa）。一顆於南朝劉宋元徽年間，由法獻法師帶回中國，歷經一千多年，幾度兵荒戰亂，現在被供奉在北京西山靈光寺佛牙舍利塔中。

第三顆佛牙是從印度那蘭陀聖地佛寺中，回教侵入印度時，由西藏國王丘極泊巴迎請至西藏，供奉在西藏薩迦遮塘楚秋的「囊極拉齋寺」。當文化大革命時，「囊極拉齋寺」遭毀時，佛牙舍利由貢噶多傑仁波切撿獲密藏。

為了守護佛牙舍利，貢噶多傑仁波切歷經艱辛，長途跋涉，將佛牙再度奉迎回印度，並經薩迦廷勤法王、頂果欽哲法王、覺吉體欽仁波切等高僧認證無疑，他們一致勸他興建佛塔供奉，以利眾生有福報瞻仰佛陀的眞身。

貢噶多傑仁波切感於自己垂垂老矣，一九九八年二月，星雲大師在印度菩提伽耶再傳佛陀戒法，遂與十二位德行兼備的仁波切連名，將佛牙舍利轉贈星雲大師，他們認爲以大師胸懷法界眾生的宏願，必能使正法久住，舍利重光。

一九九八年四月七日至九日，這顆由印度到西藏，再由西藏輾轉印度、泰國，被迎回臺灣佛光山供奉的佛陀眞身舍利。星雲大師在十方護持之下，購得鄰近佛光山的擎天神用地，共有一百公頃，興建佛陀紀念館。二〇〇三年舉行安基典禮，二〇一一年十二月二十五日，歷時十餘年，終於竣工落成。前有八塔，後有大佛，南有靈山，北有祇園，建築雄偉，兼具教育性、藝術性、宗教性等功能。

供奉在佛陀紀念館的佛牙眞身舍利，是西藏喇嘛貢噶多傑仁波切護藏近三十年，歷經劫難，爲了正法永存，舍利重光而贈予星雲大師。

因爲佛陀紀念館的興建，每日接引來自全世界的緇素大眾，相信必能爲臺灣社會帶來祥和，爲全世界人類帶來慈悲、智慧、和平。

（本文由依空法師撰寫，原發表於佛陀紀念館官網，經由法師同意，略調整順序刊出。）

自序

「舍利子」雖不是佛法中要人去追尋的重點所在，卻也是佛教在二千多年發展過程中，形成的一個異於其他宗教的特別文化現象，在現代科學的角度下看，也許充滿神祕以及不少未經證實的想像，但是，也不能因此而全盤抹煞其中的種種可能。

綜觀世界各民族文化，乃至各宗教，都或多或少有一些神祕現象，若非生長浸淫在該文化中，外人很難加以認同接受。然而，客觀卻不一定意味著正確，許多「眞實不虛」的個人經驗卻是絕對的主觀，這一點，最常發生在一些抽象的事件上，譬如對「美醜」、對「幸福」的觀感，尤其在宗教的體驗上更時有所見。

也有許多人對舍利子的「不可思議」存疑，以為太空時代科技能實證一切。可是現代的科學縱使發達，但也只是相對於過去而言，相對於未來，卻肯定是落伍的。因而，今日科學界所無法解釋的現象，未來卻是有可能被解讀的，諸如中國傳統醫學的經脈說、針灸術，即已從過去西方科學家眼中的巫術外道，進而堂堂跨入未來醫學的殿堂中。

對於眞理眞相的探尋，我個人極推崇已故的傅偉勳教授之「科技整合」探索觀點——「從分析到綜合，從微觀到宏觀，從分歧到交流，從對立到對談」，藉由各種串聯，從不斷的調整與修正中，趨向眞實。

要了解一個人，可以從其個人行爲、興趣，或從其家中的布置等方面去了解，因爲，此即是「個人文化」的展現；要了解一個宗教，亦可以從其經典、儀軌、文物，甚至神話中去探尋，因爲這即是「宗教文化」。

這也是這本書的主要目的吧！提出一個微小的管道給想要了解佛法的人。

洪宏於暖暖塵居

二〇〇一年五月九日

1
靈魂的寶石——舍利子

舍利子是什麼呢？舍利子是靈魂的寶石。大部分人，尤其是東方佛教國家的人民，他們或許都聽過舍利子之名，但對於它的內涵，卻仍停留在一知半解的階段……

e世代的舍利子印象？

有一次在公車上赫然聽到「舍利子」三字從一位年約十五歲的高中生口中說出，我一心好奇，小小年紀竟已涉獵佛教文化？但是仔細一聽，他似乎正與同學在討論著一場戰役，他說：「佛子吃了極魔舍利子之後，一頁書跟他一對一兼用菩薩印第十式都打不贏……」我方恍然大悟，原來他們正在討論布袋戲。

筆者也曾在一本電腦遊戲的攻略祕笈中看到：「回到大雄寶殿後，高僧又給了幾句五字箴言：『舍寒心不寒、利誘心不誘、子明心就明』；說完之後，五位高僧就揚長而去了！並說開啓藏經室的鑰匙（也就是「舍利子」），就在大雄寶殿內。」

從上面兩個例子，不難想像舍利子在這一代年輕人心目中的印象，不外乎來自布袋戲編劇對舍利子所下的定義，而這些編劇的編寫邏輯，又不外乎受到學校教育的影響，譬如達爾文的「物競天擇」論，再摻雜武俠小說中的奇特招術及練功祕訣，還有，自身對舍利子的想像（譬如會有魔舍利子的出現）。

對於舍利子，一般多停留在類似道家煉丹的邏輯觀念中，以爲舍利子是一種千錘百鍊下的結晶神奇物，更多以爲是高僧在長久禁慾下，精髓飽滿的結果，但這與事實相差可能不止十萬八千里。

火葬場工作人員的舍利子印象？

十年前祖母的往生，是我第一次遭遇到親人死亡的經驗，記得在遺體送往火葬場準備火化之際，我曾好奇的問火葬場的工作人員，是否曾經看過舍利子？當時所得到的回答是很乾脆的兩個字：「沒有！」

去年我父親往生，我也在準備火化時問了工作人員有關舍利子的事，得到的回答是同樣簡單的否定。然而這並不能說服我，多年來在所涉獵的佛教書籍中，不少記錄著某高僧往生荼毗後燒得舍利子的事蹟，而且還有照片爲憑，那與我仔細觀看父親火化後所得的骨灰截然不同。

而我心中之所以一直掛意著舍利子，其實還有一個原因。三年前有一位朋友從大陸回來後送了我一顆舍利子，裝在鉛質的小圓球中，鉛球外殼還鏤刻著佛像。對於這樣一個禮物，該是當一般的紀念品看待，還是以虔誠的心好好供養？

既不願自己落入迷信，也不願因自己的無知而忽視，進而對一個可能的法寶產生不敬，兩者之間，我始終無法用一個很確定的態度去面對。

所以我一直對舍利子的相關報導及文獻保持敏感，也幾次正式拜訪了火葬場的工作人員，心想他們在正式的採訪下會將多年的見聞相告，萬沒料到，所得的答案要不是「非常罕見」，就是「從來沒有見過！」幾乎和先前同出一轍。有時候他們見我一臉狐疑，一副失望的可憐樣，便趕緊跟我解釋，他們已具實以報，實無相瞞，並指出有許多出家師父往生後送來火葬，其同門師兄姊會提醒他們「注意舍利子」。一開始，他們也認眞地期待，希望目睹只聞其名、未見其形的舍利子。

待火化爐的閘門一開，拉出火化後的骨灰一瞧，似乎和一般沒什麼兩樣，於是他們只好小心地將骨灰及骨灰粉末一併裝在容器中，請親人家屬在旁仔細挑選。工作一、二十年，處理遺體上千具，卻從未見到舍利子的大有人在。

堅固的骨灰就是舍利子？

從火葬場第一線工作人員口中得不到預期的資訊，有幾次，我當場轉而訪問了由家屬請來爲亡者超度的法師。他們的答案往往和前者有著三百六十度的不同，百分之百地肯定舍利子的存在。法師們對火葬場工作人員沒見過舍利子並不爲奇，認爲他們不懂，而且因爲沒見過舍利子，就算有，也不知道那就是舍利子。正如有人半開玩笑地說：「要內行人才看得懂。」

曾有一位師父還經驗老到地爲我解說挑選舍利子的方法——要將骨灰拿回去，用篩麵粉的篩子加以篩選，發現許多顆粒狀的小石子，便是舍利子。並說分辨骨灰與舍利子的不同就是用手加以挫捏，不會被捏成粉末的便是舍利子，即所謂的「堅固子」，還表示只要有修行就一定會有舍利子。

如此聽來，舍利子又好像得來的太容易了些。事實上，也有不少修行高超的得道高僧在涅槃荼毗後並沒有留下任何的舍利子。

到底舍利子在什麼情形下會產生？而呈現什麼樣的質感才能稱做舍利子？爲何舍利子單爲佛教所重視？其背後是否隱藏了某種意義？……說眞的，要圓滿回答這些問題，絕不比成就一顆舍利子來得容易。

舍利子也是人名嗎？

另一個疑問常發生在初入門的佛教徒身上，因爲他們在看佛經時會常見到「舍利子」三字，但並不是所有人都清楚所指爲何。

被視爲佛教徒必修經典的《般若波羅蜜多心經》中，一開始不久，即提及舍利子三字，從內文來看，它是針對舍利子說法的，「……觀自在菩薩，行深般若波羅蜜多時，照見五蘊皆空，度一切苦厄。舍利子，色不異空，空不異色，色即是空，空即是色，受想行識，亦復如是。舍利子，是諸法空相，不生不滅，不垢不淨，不增不減……」就有很多人爲此做了不同的解釋。

舍利子是意味著所有弟子？還是暗示所有人都具成就舍利子的條件？還是眞有這麼一位弟子名爲舍利子？

事實上，不論答案是哪一個，都不影響經文內容所要傳達的要義。至於這個問題的正確答案，則是眞有一個人名叫舍利子，他是佛陀成道後追隨佛陀的大弟子之一，其名在很多三藏經典中都可以見到，有時也被稱爲「舍利弗」，所指乃爲同一個人。

有心的人翻開佛學辭典即能找到完整的解釋，舍利弗初依印度教六道之刪闍耶修行，後歸依佛陀，爲佛眾弟子中智慧第一。《阿羅漢具德經》中佛陀即曾言：「……復有聲聞具大辯才，智慧第一，舍利弗苾芻是。」

Q 女眾也能燒出舍利子嗎？

A 是的，一九八五年苗栗苑裡大興善寺比丘尼福慧法師入滅荼毗後即曾燒得舍利子。

Q 舍利子也是一個人的名字嗎？

A 是的，釋迦牟尼佛的弟子中有一位即叫舍利子，又叫舍利弗，是佛陀認證爲所有弟子中最有智慧的。

2
史上第一顆舍利子——舍利的由來

今人在看許多佛教觀念、理論說法時，似乎總覺得理所當然，然而佛教文化歷經兩千多年，許多事理都已經過一連串的改變。今人認知的舍利子與兩千年前佛教徒所認知的，並非完全一致。

誰留下史上第一顆舍利子？

凡佛教徒大抵認爲第一顆舍利子出現在二千六百年前，在印度拘夷城中釋迦牟尼佛涅槃荼毗後。

釋迦牟尼佛既被認定是佛教始祖（釋迦牟尼佛本人並無此想法），第一顆舍利子自然出現在他身上。再者，在難以計量的佛教大藏經中，也沒有比釋迦牟尼佛更早出現舍利子的記載，不少經典皆有詳載釋迦牟尼佛荼毗後形成舍利子的故事。

《長阿含經》中的記載頗爲詳細，弟子阿難在釋迦牟尼佛接近涅槃前，曾問釋迦牟尼佛該如何安葬，釋迦牟尼佛告之應以轉輪聖王葬法，即是自用香湯清洗聖體，用乾淨的棉布將全身纏起，再以五張氈子層層裹住。棺槨準備大中小三個，分別用不同材質打造，最裡層的是金棺，裡面灌滿麻油，金棺放入第二層的鐵槨中，最外層則是旃檀香槨。旃檀香槨上頭置滿高雅的茗香，鋪上厚衣然後點火焚化，燒完後便收拾舍利，並在道路旁建立廟塔供奉舍利，使來往行人都能瞻仰佛塔，進而感念如來佛法。

「聖王葬法。先以香湯洗浴其體。以新劫貝周遍纏身……內身金棺灌以麻油畢……積眾名香。厚衣其上而闍維之……訖收舍利。於四衢道起立塔廟……使諸行人皆見佛塔。思慕如來法王道化。」

「舍利」與「舍利子」不一樣嗎？

細心的讀者可以注意到，佛經所記載釋迦牟尼佛要他的弟子在其荼毗後撿拾供奉的，乃是「舍利」，而非「舍利子」。此兩者看來相似，卻仍有需要正本清源之處。

在古印度語中即有舍利之詞，爲Sarira，也叫做「設利羅」、「室利羅」，中文意譯是「遺骨」、「骨身」或「靈骨」，即死後身體之總稱。印度盛行火葬的習俗，在釋迦牟尼佛出世前即有，當時火葬後的遺骸，一般就叫做「舍利」。

釋迦牟尼佛出生在印度教婆羅門世家中，許多觀念乃沿襲自印度教，在人死後慣以火化處理即是一例。此與中國人不同，中國受周禮影響，對亡者慣用土葬，並在土葬一段時日後撿骨，然後放置在容器中加以保存，以表慎終追遠之情。

古印度教在遺體火葬後，並不將骨灰，即舍利存放容器之中，往往將之撒在河中或湖中，尤以素有「聖河」之稱的恆河為最佳首選，至今在印度恆河沿岸仍設有為數可觀的火葬場。

釋迦牟尼佛在其弟子即將喪失導師的迷惘之時，於最後交待中言及將舍利置於塔中供奉，此出自正宗佛教經典的記錄，便被往後的教徒們視之為金科玉律，也因此，對於舍利的重視，全世界所有宗教中以佛教為最。

3

舍利家族——各種不同的舍利

在中國人的印象中，多以爲舍利子是一種像珍珠般的小珠子，事實上舍利子有許多不同的種類和顏色，諸如牙齒或頭頂骨，雖非舍利子，但都屬於舍利。在其他的經典中亦可找到記載著佛牙舍利及佛頂骨舍利的記錄，而在今緬甸仰光的 Shwedagon Pagoda 佛寺中，還供奉有八根據說是佛陀的頭髮供人參拜；另外在大陸也曾傳出佛陀髮髻的最新發現。

舍利有不同的顏色？

在唐朝的《法苑珠林》卷四十中曾將舍利依顏色不同而分做三種：一是骨舍利，其色爲白色或珍珠白；二是髮舍利，顏色爲黑色；三是肉舍利，其色爲赤紅色。傳說中釋迦牟尼佛涅槃後，其弟子按照祂的囑咐準備荼毗火化事宜足有六天之久。到了第七天一切就序，當木柴堆積在棺槨四周後，柴堆竟自己起火，最後燒出了八萬四千顆七彩晶瑩的舍利子。八萬四千，這個數字概形容其爲數眾多，之於顏色各異或相互參雜顏色的舍利，自然包括了黑色的髮舍利，白色的骨舍利，以及紅色的肉色利。

這三種顏色的舍利子，一般最常見的爲白色的骨舍利及黑色的髮舍利，唯紅色的肉色利極爲罕見。西藏梭巴仁波切收藏的諸多高僧舍利子中，有一項是上百顆佛陀的血舍利，又不同於上述的三種，其色爲金黃中帶有紅色。

碎身舍利是什麼？

釋迦牟尼佛自三十五歲悟道，在八十歲離開人世，四十五年間大部分都在各地弘法，自然產生了諸多弟子。但釋迦牟尼佛的教義在根本上與傳統印度教有極大分別，因而這位佛教首代宗師去世之後，眾弟子立即對未來產生茫然不知所措的反應，此時印度教的諸神既無以依靠，因而產生了佛教一段所謂沒有佛像的時代。

在沒有佛像的時代中，最直接，最值得成爲崇拜、學習的替代對象，自然落在釋迦牟尼佛遺體火化後所留下的舍利身上。歷經二千多年的歲月，至今在佛教中概已將舍利分爲三大類。一爲「生身舍利」，也就是包括了骨舍利、髮舍利、肉舍利、頭頂骨舍利、牙齒舍利。其形狀有的呈圓形，大小不一，或成不規則形。其質地必須堅硬，與一般易碎的骨灰不同。由於爲肢體分解後火化所得遺物，故又稱爲「碎身舍利」。碎身舍利結成圓形時稱爲「舍利子」；結成畸形時，稱爲「舍利花」。舍利子大小不一，顏色也有很多種，大小有的如珍珠大，有的如仁丹小。除了一般所常見的骨舍利、髮舍利、肉舍利外，在歷史中還出現過東晉的譯經大師鳩摩羅什火化後留有一舌根舍利，以及近代佛教改革大師太虛的心臟舍利。民國三十七年太虛大師在上海玉佛寺圓寂火化後，整個心臟不但未被高溫大火燒成灰，心臟外還被許多舍利包滿著。

全身舍利是什麼？

有別於碎身舍利之外的，第二種就是「全身舍利」。在釋迦牟尼佛之後的高僧中，曾有一些大修行者在入滅之後，遺體竟能歷久而不腐爛，以全身保全的形式留存人間。在大陸廣東省的江南華寺即供有六祖惠能的全身舍利，而唐朝丹田和尚、明朝憨山大師也留有全身舍利。另外安徽九華山、香港大佛寺，以及台灣汐止的慈航法師、新店碧潭寺的清嚴法師、北投安國寺的瀛妙老和尚，都留有全身舍利為後人所瞻仰。

在《長阿含經．卷四遊行品》、《菩薩處胎經．卷三常無常品》、《法華經．提婆達多品》、《一切如來心祕密全身舍利寶篋印陀羅尼經》等經典中，將舍利分為有碎身舍利與全身舍利二種。火化後得的舍利子乃是屬於「碎身舍利」，而全身舍利即人死亡後未經火化，以土葬或其他方式下葬，但時日已久，其肉身不壞，未被蟲蛆腐蝕而保有全身者，稱「全身舍利」。

也許有人會有疑問，那民間中所謂的陰屍（土葬，久不腐爛），及如埃及的木乃伊可都也是屬於全身舍利？

當然沒那麼容易，舍利是佛教中一門特別的文化，必得有一定的修持才能爲人所不能爲，其果在斯人，其因也在斯人，即一定得完全靠自己的力量，不能用任何防腐劑。另一方面，在絕大部分全身舍利的例子中，都是以打坐往生的。最有名的故事即是《景德傳燈錄．卷五》中所記，六祖慧能大師涅槃滅度時，「沐浴訖，跏趺而化，異香襲人，白虹屬地」，其門人弟子於是保持其坐姿，起塔供養，並以鐵葉漆布固護大師的頸部，防止他人盜頭。

事實上，人之將死時莫不萬分痛苦，身心俱弱，能夠安然地保持坐姿而往，眞的不是一般人可以辦到。在佛教中趺坐而滅度往往是有修持的表現，同時也表明其可能具有保有全身舍利的條件，即所謂的「金剛不壞之身」。

法身舍利是什麼？

另外一種就是既沒有生身舍利，也沒有全身舍利，但其人已悟得佛陀示現之宇宙眞理，其人滅度後，其在世曾爲世人昭示之法，也可視之爲難得之物，如同舍利一般，稱之爲「法身舍利」。

法身舍利與人身荼毗火化後所得的「生身舍利」有別，並非指一個人在往生荼毗火化後所得的遺體舍利，而是包括傳述佛法眞理的一切經典。

中國五代時的吳越人錢俶篤信佛法，發弘願要宣揚佛法，他雖不像古印度的阿育王般有佛陀舍利可以供奉，卻也仿傚阿育王，以十年時間鑄造了八萬四千座金屬小塔，只不過塔裡供奉的並非佛陀舍利，而是以佛經取代。

錢椒此舉並非沒有根據，《法華經》〈法師品〉中有云：「若說，若讀，若誦，若書，若經卷所在處，皆應起七寶塔，極令高廣嚴飾，不須復安舍利。所以者何？此中已有如來全身。此塔應以一切華、香、瓔珞、繒蓋、幢幡、伎樂、歌頌、供養、恭敬、尊重、讚歎。」即直指眞理本身不生不滅的特，正與堅固之舍利相同，因而都需要加以尊崇供奉。

「生身」在佛教中的解釋乃爲菩薩爲了濟度眾生而托於父母胎生的肉身。又佛菩薩以神通力一時變現的肉身，也叫做「生身」，或「意生身」，即隨意變化而現的身體。因而當肉身入滅火化後所得的舍利，便稱爲「生身舍利」。

至於「法身」的意思，乃指與諸佛菩薩所證得的理體叫做法身，因此，闡述佛陀所言教化的言語經典，便稱之爲「法身舍利」。

燈花舍利也算是舍利嗎？

一九六四年佛光山在慶祝壽山分院落成時，曾舉辦藥師法會，會期中，星雲大師一度將從印度請回的佛陀眞身舍利，供奉於佛殿中供信徒瞻仰禮拜；不久，佛陀舍利旁的一千多盞光明燈上，竟發現每一盞都結出晶瑩剔透的五彩燈花舍利，其形細小，卻皆具硬度。

類似上述在佛教道場上無中生有的所謂「燈花舍利」，時有所聞，然而要解釋其生成的原因，似乎更加不易，因爲舍利，乃至舍利子，至少是由人身火化後的結果，我們或可從以往的經典記載中去追尋各種可能，但若是由物質而生物質，似乎除了結晶外，很難再找到其他合理的解釋。

此種情況的另一種可能，就是由物質本身以外的力量所致，只不過就好像一個人生病，若說不是人本身的原因，而完全是受人蠱惑或下惡符所致，就算眞有其事，也令人難以理解。

靈鷲山心道法師在解釋燈花舍利是否也算是舍利時，其語氣便不是很肯定，至少，較之高僧大德，乃至佛陀荼毗火化後生成的舍利子，兩者之間，是有相當差距的。他說：「舍利子是已經結晶到一個程度，比較堅固，很難被東西破壞；舍利花（燈花舍利）的堅硬度還不是那麼夠，但也算是舍利。」

不過，心道法師也不完全否定燈花舍利也可能具備和人身舍利一樣的「靈」、「感應」之特，他指出：「只要本身有正念，內心生起對三寶的正念，就有可能。」

俗諺說：「精誠所至，金石爲開」，在佛教界中也有這麼一句話：「人有誠心，佛有感應。」民國八十六年元月在埔里中台禪寺華嚴殿內的地板上，突然出現了四十多個直徑二到八公分不等，大小重疊的圓形法輪圖像，使信眾莫不稱奇。後來追究原因，大夥都認爲是該寺一位居士，將自己請的菩薩（觀世音菩薩及文殊菩薩）及一尊迦葉尊者，送到華嚴殿中供養所致。因爲當寺僧準備要清理華嚴殿地板時，就是在其中一尊菩薩下方的地板上發現這些法輪圖像。

該寺住持，也就是惟覺老和尚即曾爲此事說明：「感應到瑞相，一方面是龍天護法對佛法的讚嘆，另一方面是佛弟子們一念眞誠與發心護法的因緣感應而來，沒有因，沒有緣，不會有瑞相之果。」此說似乎相當適合做爲燈花舍利的註腳。

舍利是佛菩薩的應身？

縱使「生身舍利」與「法身舍利」，乃至「燈花舍利」各有分別，但正如西藏梭巴仁波切所說：「這些都是佛陀爲利益眾生所示現的。」是以佛菩薩教化眾生的意義是一樣的，都是佛菩薩機緣化現的應身。

在不少的經典中都提到，佛陀雖然是以人身而成道，但這一切都是爲度化眾生而精心安排的，在《方廣大莊嚴經》（又名《神通遊戲》）中即清楚地記載，佛陀乃兜率天的菩薩，他決定降生人間爲悉達多太子，而後求道、弘法，直到涅槃成佛，此舉乃昭顯人不一定得受制於無常人生之中，人人都具備了成就解脫之道的潛能。

因而不論是佛陀的舍利子——「生身舍利」，還是佛陀悟道後所昭示世人的金玉良言——「法身舍利」，都具備了眞理一般，永恆不滅的特性，凡人不論接觸的是舍利子還是經典，也都能藉此被引向眞理之路。

舍利子常識

Q 有所謂「魔舍利」的存在嗎？

A 沒有，至少在佛教中沒有此名詞的存在，此說乃後人妄加附會。

Q 舍利子是一個人精髓飽滿的結晶？

A 不是。理由很簡單，許多已婚的在家居士，也曾在往生火化後燒得舍利子。

Q 火化後的所有遺骨都可稱做舍利嗎？

A 是的，在佛陀的時代通稱火化後的所有遺骨爲舍利，包括舍利子在內。

4
佛曰不可說——舍利子的生命現象

在宗教上，舍利因依附在信徒對修行有成的大師的景仰心態下，被廣泛地崇敬著。此一緬懷先人的現象並不足爲奇，因在其他宗教，乃至許多文化中也都可以找到類似的情況。但是佛教的舍利子卻常發生異象，以致於一般人看它，總好像披著一層神祕的面紗。

舍利子會無性生殖？

舍利子最廣爲人知的傳奇，莫過於奇怪的生長現象。曾有報導石頭長出頭髮的怪事，但後來被證實是一種菌體繁殖的結果。不過舍利子爲何會長大，而且有一生二、二生四般的生長現象，長久以來始終沒有科學家站出來加以解釋。這看似無生命的純粹物質，能似有生命般而分身的確令人不解，試想，如果家中的一塊石頭那天還長出另一塊石頭，你會做何感想？

關於舍利子分生的故事實在太多，甚至成爲它最受世人矚目的特徵之一，現就列舉幾個時代和我們比較相近的事蹟。

知名作家謝冰瑩女士曾表示，一位法師從印度回來後送了她六粒小舍利子，該法師還跟她說只要她好好供養，這些舍利子便會長大，甚至生出新的舍利子。

謝冰瑩原不以爲意，但是爲了表示尊敬，於是特地跑到銀飾店訂製了一個三層的寶塔來放置舍利子。三個月後，她突然發現塔中的舍利子變得好多，驚訝之餘，請女兒及房東來看，大家皆覺得不可思議。當時，她的房東還向謝冰瑩要了四粒回去供養，不久後，又長出了六粒。

舍利子會無中生有？

舍利子的神祕，除了來自其生成的因素以及增生的特性外，還有一些常理難以解釋的現象，譬如經由虔誠祈禱便能感應而得等，也是讓大家對它如此好奇的原因。

一千七百年前的三國時代，吳國孫權據江東一帶，當時吳地的佛教並不興盛，有位以譯經聞名的康僧會大師爲了振興佛法於江東，一度在往南京的道上設置許多佛像供人膜拜，一時之間沿路煙香繚繞，往來佛僧絡繹不絕。後來孫權得到消息，便召見康僧會大師，請教其長久修行佛法的心得，康僧會雖大談修行佛法擁有數不盡的好處，孫權卻不以爲然，並對康僧會說，如果你能擁有佛舍利，我就造塔供養，並助你弘揚佛法。

於是康僧會召集他的信徒，齋戒沐浴，虔誠焚香，並放置一銅瓶在佛案前，經過了「三七」之日後「忽聞瓶中鏗然有聲，會自往視，果獲舍利」，該舍利「五色光炎，照耀瓶上」。空瓶內突然出現舍利子令眾人詫異非常，然而為了驗證其眞假，是否是傳說中的「堅固子」，孫權還曾命人以大鐵鎚敲打舍利子，最後放置舍利子的鐵板都凹陷進去了，舍利子還是完好無，所謂「砧搥俱陷，舍利無損」。這下子不但使孫權就此皈依佛門，還下令建塔供養舍利子，這是三國時期江東佛教興起的一個有名事蹟。

一九八二年台灣素有「水果和尚」之稱的廣欽老和尚入滅，荼毗後燒出一百多顆舍利子，這些舍利子多為承天禪寺及有緣的大德帶回供養。一位家住台北汐止，年事已有七十多歲的廣欽老和尚的徒弟，在火化後至火爐內抓了兩把爐灰，用手帕包妥，準備帶回家供養。一路上他手執手帕默念「阿彌陀佛」，到家後將爐灰倒在盤中時，竟發現了許多舍利子，是至誠感應而得舍利子的另一個奇異現象。關於經由感應而得舍利的事蹟，在《三寶感通錄》、《法苑珠林》、《廣弘明集》、《日本書紀》……等書中，也都有類似的記載。

舍利子有靈性？

在關渡的寶績禪寺中，彼寺往昔一位住持泰安法師圓寂後，得各色舍利子計七百餘顆，現仍供奉在大雄寶殿右側，藏經閣旁的舍利院中供人瞻仰。負責看管該寺舍利院的眞瑟師父表示，以他長年觀察舍利子的經驗，舍利子會增大增生的情形確有其事，至於爲何如此神奇，他本人則用「靈性」兩字，來表述這種類似生命的現象。

眞瑟師父並說，一般舍利子生長的情形，是像細胞分化般由同一個個體上生出來，然後分離。但也有聽說是獨立於原舍利子之外，也就是說，一開始好似無中生有般出現，初時一點點，然後愈變愈大粒，但通常不超過原來舍利的大小。

舍利子會無中生有，但也會無聲無響地消失，就好像變魔術一樣，只是沒有人知道誰是魔術師。

在一般人的眼，舍利子如同一般的骨灰無異，頂多是高溫下的結晶體，充其量仍是沒有生命、無感的物質。可是佛教界人士可就不這麼想了，他們認為舍利子自有其生命形式，和人、物不同。而且舍利子也並非如一般人所以為，僅是一粒像石頭般，無法感知的物質，相反的，其敏感度比為世俗蒙蔽之人心高出很多，因此，不論是增生或消失，都其來有自，不無原因的。而最能解釋為何舍利子會消失，或非是因為原擁有人虔誠之心的改變，而是因緣所致吧！

謝冰瑩女士的舍利子幾乎每年都會增添一兩粒，她也每每將之分送給好友或同修供養。就曾有一位虔誠的佛教徒朋友，雖然謝冰瑩送給他一粒，但自始至終他都沒有辦法將之放置在自己家中供奉，最後託放在朋友家中的佛堂中供奉時，竟又發現塔中的舍利子憑空消失。

以往台北善導寺中也多次傳出所供奉舍利子增加的消息。而在台北一位黃思賢居士，多年前曾蒙慈濟證嚴法師賜贈兩顆舍利子，後來也有增生。中視曾製作一個節目，專訪了靈鷲山無生道場的住持心道法師，介紹了大師所供養的舍利子，心道法師在節目中即表示，他所供養的舍利子也有增生的情形發生。

舍利子可以超度亡魂？

曾聽一位同事說，他一位學佛多年的朋友曾給他幾顆舍利子結緣，並說將舍利子放在往生者的口中，能對死者的亡魂大有助益，甚至往生淨土。

針對此問題，筆者曾請教心道法師，而他的答覆雖不致保證將舍利子放在往生者口中，一定能有什麼樣的效果，卻也不迴避地直述，將舍利子置在往生者口中，是有使往生者興發正信、憶念三寶的可能性。心道法師說：「舍利子是很珍貴的，也就是佛法正覺的象徵；因此爲了希望能利益亡者生起正念、不墮三惡道，所以也有在助念佛號、開示亡靈的過程中，把舍利子放入往生者口中；如果能興發正信、憶念三寶的話，就能感承三寶的加持，轉化生命正面的能量，至少能與人天善道相應，未來轉世再繼續修行、利生。」

將舍利子放置往生者口中，這是佛教界中行之久遠的習俗，教徒們相信，如此可使亡靈不往下墮。在佛教「靈魂轉世」的前提下，人死亡不過是靈魂更換新宿主的一個過程，腐敗死亡的是軀體，而不是靈魂。也就是說，人死時仍有靈識，仍可以感念許多事理，甚至比活的時候更敏銳而清楚，因而一旦靈識感知到有人將舍利子放在其口中時，正如心道法師所言，可以「興發正信、憶念三寶」，如此，靈魂有了正念的引導，則能投往光明淨土。

事實上，相同於許多儀式，將舍利子放在往生者口中的主要功能在於幫助亡靈提起正念，譬如在亡者身上蓋往生被，或在往生者的額頭點和在身上灑光明砂等都是，這種種在一些對往生者的超度儀式中可見到。不過這些行爲並不見於經典中，不少成分是出自於其在世的親人，爲了幫助心愛的人而「聯想」的一些「可能」的方法，有時也不論是否與事實相符，或與自身信仰的宗教教義相符，諸如爲亡者燒往生錢、紙房、紙車的儀式，其實是比較偏向民間道教的信仰，但許多在世之人也不特別在意，似乎能多做一些總是好的。

不過在此種多多益善的心態下，往往又爲不肖之徒所利用，有些甚至揚言只要用他們的某某砂呀水的，在火化之前將之灑在往生者身上，保證可以燒出舍利子，不但如此，就連愛貓愛犬也都因此燒出舍利子，代表其往生淨土。此現象當中的眞眞假假，有時還教人一時難辨，就看各人的智慧造化了。

不論是舍利子，亦或往生被、光明砂等，其所預期的功效乃在於引發往生者的正信正念，進而使亡靈有個好的歸途，但在此需要特別注意的是，力量的眞正來源還是在於往生者本身，舍利子、往生被只是一個可能引發力量的媒介。因而，若要將舍利子放置在一個對佛教不了解，甚至有其他信仰的往生者身上，其效果自是有限，甚至還可能引起反效果，所以在世之人可要三思而後行，必須確定此舉是往生者所認同的。

舍利子常識

Q 舍利子和舍利有何不同？

A 舍利子是舍利的一部分，但一般稱火化後燒出一些圓形珠狀的遺物叫做舍利子，又因爲其硬度高，故又稱爲堅固子。

Q 高僧一定會有舍利子？

A 不一定，修行有成的高僧能以很多方式呈現修行的成就，譬如自其在世時昭示的眞理，或荼毗時出現七彩虹光……等等。

5
佛牙的祕密——世上共有幾顆佛牙？

民國八十七年四月間，西藏密教貢噶多傑仁波切致贈佛光山佛牙舍利一只，在台灣掀起一股熱潮。此佛牙舍利在佛光山台北道場供奉了八個月後，於十二月十二日恭迎回高雄佛光山。不過在信眾亢奮的情緒中，卻也出現了許多反面的聲音，有人以此爲「提倡迷信」而加以駁斥，更有人以爲此佛牙乃爲「假牙」。

天上的神仙對佛牙也有興趣？

據《大般若涅槃經》後分中記載，釋迦牟尼佛涅槃荼毗後，住在忉利天的天神帝釋天手裡拿著七寶瓶和供養的器具來到釋迦牟尼佛火化之處，當帝釋天抵達時，原本猛烈的火焰突然熄滅，帝釋天於是打開寶棺，想取出佛牙，釋迦牟尼佛的弟子爲帝釋天此突兀之舉感到不解，請他等待眾人來後再一起分配。

帝釋天即解釋說釋迦牟尼佛生前即已答應給他一顆牙舍利，也因此他一到，烈火自然熄滅。於是帝釋天從釋迦牟尼佛右上方的頷口中拿下一顆佛牙，隨即回到忉利天建塔供養。因此，這一顆佛牙舍利不在人間，而是被供養在天界。

「……爾時帝釋。持七寶瓶及供養具至荼毘所。其火一時自然滅盡。帝釋即開如來寶棺欲請佛牙。樓逗即問。汝何爲耶。答言。欲請佛牙還天供養。樓逗言。莫輒自取。可待大眾爾乃共分。釋言。佛先與我一牙舍利。是以我來火即自滅。帝釋說是語已即開寶棺。於佛口中右畔上頷取牙舍利。即還天上起塔供養……」

斯里蘭卡也有佛牙？

另在人世間最爲人所知的一顆佛牙，乃是在現今的斯里蘭卡坎底市的馬拉葛瓦佛寺中。關於這一只佛牙從何而來，主要記載在斯里蘭卡的編年史以及該國學者編寫的一段佛牙史中，中國的《高僧法顯傳．師子國》（今斯里蘭卡）中也曾提及，該國王城中有佛牙精舍，這些都算是比較正式的記載。

錫蘭（斯里蘭卡）的編年史中曾提到，早年印度羯陵伽國王子陀多及王妃稀摩梨，祕密藏有一顆佛牙，後來因政亂而逃難至錫蘭，之後這顆佛牙便成爲錫蘭的國寶。從該國的佛牙史中對於此顆佛牙則有更早、更詳細的記載，說釋迦牟尼佛荼毗後留有一頭蓋骨、兩根鎖骨和四顆牙齒。其中的一顆牙齒曾被聖者克馬所擁有，後來才交予印度羯陵伽國王供養，也因此當羯陵伽國發生內亂時，其王子方攜此佛牙舍利逃至錫蘭。

哪一個國家以佛牙節做為國定假日？

斯里蘭卡大多數人民信奉佛教，許多佛教特別的紀念日，都被定爲國定假日。而每年七月底或八月初在坎底市，由佛牙寺——馬拉葛瓦寺舉辦的佛牙舍利遊行，可說是最重要盛大的節日。

節日期間於每日晚間八時至十一時在坎底市各地舉辦場面盛大的佛牙遊行。歷時十二天，規模空前，故又稱坎底遊行盛會（Kandian Perahera）。

現行之儀式始自西元一七七五年，其時印度教在斯里蘭卡亦相當盛行，爲人民主要信奉的宗教之一，因而遊行隊伍中可以看到不少印度教的相關神祇，譬如保護神像隊、毘濕奴神像隊、戰爭神像隊、女神像隊（即大梵天神之妻）……等都屬於印度教神祇。

事實上，佛牙寺雖爲此一連串節日的主角，但整個慶典多與印度教合辦，在慶典的最後一日，有兩項特殊之儀式都與印度教有關，一爲護送戰爭神到佛牙寺附近之摩訶吠利恆河洗劍；另一個爲遊行隊伍行至印度教之伽那提婆拘婆羅神廟，爲世人祈求和平。

佛牙舍利在斯里蘭卡被視爲國寶，歷代的君主必須負起妥善保管佛牙的職責，誠心供養。事實上，持有佛牙舍利與握有斯里蘭卡實質的統治權已成爲一不可分的關係。

自從十四世紀此佛牙舍利被供奉在馬拉葛瓦寺後，即受歷代君王的特別禮遇，整個寺塔可謂盡其裝飾之極致，牆上畫滿了描述釋迦牟尼佛一生的壁畫，建築梁棟上也布滿了精美的雕刻，更有無數的珠寶珍石熠熠生輝，輝映著這個斯里蘭卡人民眼中的聖物。此寺也由於充斥各代藝術之精華，而被各國學者視爲斯里蘭卡一活的歷史藝術館，爲研究斯里蘭卡不可少的主要寺廟。

在中國的大唐西域記中還曾記載當時的斯里蘭卡（古之僧伽羅國）的國王，每日三次親自用香水濯洗、並燒香供養，崇敬之至。

今日遊客在每日的例行三次禮拜時間前來，也能一睹佛牙風采，不過想當然爾，佛牙舍利仍被嚴密地看管著，來訪的遊客少不了被安管人員以儀器再三檢查，才能趨身來到佛牙舍利面前禮拜。不過遊客並無法眞正看到佛牙舍利，因爲此佛牙被安置在數層的寶盒之內。

據說開放的佛牙舍利也未必是眞的，一說眞品另存他處。此說是因爲在一五〇五年當信奉天主教的葡萄牙人登陸斯里蘭卡時，一度迫害佛教信仰，曾於一五六〇年強行將此佛牙送至印度果阿地方（Goa）燒毀。數年之後此佛牙再度出現，傳說被燒毀之佛牙乃係贗品。然而這也只是一個無法證明的傳說之一，對篤信佛教的斯里蘭卡人民而言，這是難以置信的。

中國境內也有佛牙嗎？

在中國北京的西山靈光寺也供有一顆佛牙，不過其歷史來源則更顯得錯綜複雜。在梁朝《高僧傳》、唐朝《法苑珠林》卷中有記載，南朝法顯法師往西域取經，行至于闐（今新疆省和闐縣）時，得到當時的烏萇國所傳有的佛牙一顆以及十五粒舍利。

法顯回國後將佛牙藏於南齊王都建業（今南京）自行供養。一直到永明文宣王時才供奉於「上定林寺」。然而到了梁武帝時代，此佛牙一度遭竊，下落不明。

這只佛牙到了隋代後又再度出現，但從何出現則無明確文獻記載，佛牙出現後被供奉在陝西長安的禪定寺（後改稱莊嚴寺）內，由僧人法喜看管。

唐末五代戰亂四起，此佛牙幾度易主，一直到了遼代方由大遼丞相耶律光仁的母親燕國太夫人將之安奉在遼國首都燕（即現在的北京）西山靈光寺的招仙塔內。此段安奉佛牙於招仙塔的事蹟記載在《遼史》內。

清末，八國聯軍進犯北京時，西山靈光寺一度成爲義和團的活動據點，但也成了兵火祝融之地，一九〇〇年靈光寺在戰火中成爲一片焦土。數年之後，藏於塔內的佛形舍利終於被找了出來，當時此佛牙被置在沉香木盒內，盒上刻有「釋迦牟尼佛靈牙舍利。天會七年四月二十二日記，善慧書。」

一九五五年及一九六一年，此佛牙兩度出國，送往佛教國家緬甸及錫蘭巡行，供當地人民瞻仰，亦造成轟動，尤其在斯里蘭卡，數百萬人民虔誠禮拜，其盛況成爲全世界的焦點。

佛牙自斯里蘭卡返回中國後，北京的佛教團體再於靈光寺舊塔址重建一座十三層的舍利寶塔，也是此佛牙現存的地點。

鄭和也在佛牙事件裡插一腳？

另一個關於佛牙舍利的傳說，曾出現在《明編西域記》一書中，書中述及三保太監鄭和及他的部下對於佛牙舍利表現出如神物般崇敬，似乎能如中國的媽祖或觀世音般保護海上的船隻。該書中有載：「佛牙光彩照耀。句霆震驚，遠見隱避。歷涉巨海，凡數十萬里，風濤不驚，如履平地。獰龍惡魚，紛出乎前，恬不爲害，舟中之人，皆安穩快樂。」

不過關於這一重要事件的眞相，在斯里蘭卡方面的記載卻與中國的有所出入，該國並無佛牙落入中國的記載。相同的是，鄭和抵達斯里蘭卡當時，其國的政治正處於混亂的局面，鄭和部隊也一度和當地的軍隊發生戰役。

《明編西域記》中還提及，鄭和將此佛牙舍利安置在南京城外的靜海寺中，成祖也曾為此佛牙建造了許多寶盒及精舍供奉。「皇帝並於皇城內莊嚴瑞檀金剛寶座貯之，式修供養，利益有情，祈福民庶，做無量功德。」不過此佛牙在一年後，當斯里蘭卡的政局穩定，新國王確立時，又被安全地送回該國，被安置在精緻打造的四層寶盒中。

從各項記載來看，若要說鄭和此行至斯里蘭卡為了就是奪取佛牙，又似乎找不到明確的證據，史載鄭和一行人乃著重在當地的寶石及珍珠，更何況在永樂七年鄭和船隊第三次遠航出發前，鄭和還事先做好一塊石碑，希望能豎立於斯里蘭卡中。碑文中禮讚釋迦牟尼佛，以及感謝他對船隊先前兩次遠航的庇護：「仰惟慈尊，圓明廣大，道臻玄妙，法濟群倫，歷劫沙河，……永惟大德，禮用報施。謹以金銀、織金、紵絲、寶旛、香爐、花瓶、表裡、燈燭等物，布施佛寺，以充供養，惟世尊鑒之。」充分顯出鄭和對斯里蘭卡國信仰的尊敬與誠意。

鄭和造碑一舉，可能是由於第一次拜訪斯里蘭卡時，因未對該國宗教表示禮拜而遭到冷落有關，史載該國國王曾「侮慢不敬，欲害和，和覺而離去」。

至於斯里蘭卡方面，則可能在鄭和所率領的中國船隊抵斯里蘭卡外海時，認為是來奪取佛牙舍利的。在公元一二八四年，當元朝忽必烈的船隊到訪錫蘭時，錫蘭人就曾認為他們是來奪取聖物佛牙。

不過按中國方面的記載，鄭和最後的確曾將佛牙帶至中國，其情況是，鄭和一度捲入斯里蘭卡的政治風暴中，並與該國交戰，戰勝後俘虜了錫蘭王，將他帶回中國，以懲罰其對中國天朝的不敬。

至於佛牙是鄭和帶回去還是被俘的錫蘭王隨身所攜帶便無史可查。而一年後明成祖釋放該國王回國時，此佛牙舍利方又重回斯里蘭卡的懷抱。

哪吒和佛牙也有淵源？

另外在《宋高僧傳》中記有一道宣法師一回在夜間行走時跌倒，被人扶起，此人自稱是李靖的三太子「哪吒」，是來護持道宣修行的。後來哪吒三太子還表示藏有佛牙一只，最後將之獻給道宣法師。這只佛牙後來供奉於河南開封相國寺灌頂院（後改爲法華院），歷史記載中宋太宗曾親臨寺中禮拜，宋眞宗時改奉於開寶寺塔中，直到宋徽宗時迎佛牙至王宮中供奉，成爲皇室尊物，但此佛牙至今仍下落不明。

除了道宣法師受哪吒三太子贈予的佛牙下落不明外，帝釋天取一佛牙舍利供養於忉利天，斯里蘭卡坎底市的馬拉葛瓦佛寺內的佛牙，還有中國北京的西山靈光寺內供的佛牙，是目前考據較明確的三只佛牙。然而在《大般若涅槃經》中卻也記載著，釋迦牟尼佛荼毗後乃留有四顆未被火燒盡的佛牙：「爾時世尊大悲力故。碎金剛體成末舍利。唯留四牙不可沮壞……」。

以上便是從歷史中，或從傳說中有關佛牙舍利的記載。

舍利子常識

Q 舍利子有不同的顏色？

A 是的，唐朝的《法苑珠林》卷四十中曾依其顏色將之分成三種：一是骨舍利，其色爲白色或珍珠白；二是髮舍利，顏色爲黑色；三是肉舍利，其色爲赤紅色。

Q 有全身舍利的說法嗎？

A 是的，有些修行有成的人在涅槃往生後，不採火化而採土葬，如身體歷久不腐，即稱全身舍利，也叫金剛不壞之身。

6
不朽的典範——釋迦牟尼佛佛舍利的傳說

今日與釋迦牟尼佛涅槃相隔兩千六百年，是否尚有佛陀舍利遺存人間？答案似乎是肯定的，因爲有佛經言，佛陀火化後，燒得八萬四千顆舍利子。所以其他的釋迦牟尼佛佛舍利，或許仍在許多寺廟中，甚至一些個人的手中。

佛陀舍利最早為什麼分成八份？

相傳釋迦牟尼佛遺體荼毗後，留下一堆晶瑩的舍利，負責火化的拘尸那城的末羅族人將舍利取至議事廳中，以矛弓圍起一圈欄杆以做保護，然後獻上花環，並焚香供養。

後來有七個國家聽說釋迦牟尼佛荼毗的消息，便紛紛前來要求一份，卻被拘尸那城的末羅族人拒絕，其所執理由爲釋迦牟尼佛在此出生，在此入滅，遺骨理當屬於這裡：「世尊垂降此土於茲滅度，國內士民當自供養」。但七國仍不死心，更加派遣軍隊前來，將拘尸那城團團圍住，誓言若分不到舍利便要強取。不過拘尸那城的末羅人卻不想將佛陀的舍利分家，想要完整保留，於是決心不受威脅，員軍兵保衛佛陀舍利。

正當戰火一觸即發之刻，有一位香姓的婆羅門出面勸阻大家，說如果爲了爭奪佛舍利而兵戎相見，便違背了佛陀的教誨，就算強得了舍利也失去意義。因此他建議將佛陀舍利分爲八份，一份給拘尸那城，其餘各國各得一份，於是婆羅國、羅摩伽國、遮羅頗國、毘留提國、毘舍離國、迦毘羅衛國、摩羯陀國各得一份舍利，如願而返。

阿育王曾造八萬四千個佛陀舍利寶塔？

兩百年後，信奉佛陀教誨的阿育王統一了印度，他在位期間立佛教爲國教，決心大興佛法。在當時，佛像的製作與膜拜並未盛行，唯一最能代表佛陀的以佛舍利莫屬，阿育王便下令挖掘「八王」修建的佛骨舍利塔，取出舍利，重分爲八萬四千份，以八萬四千個寶盒盛裝，再造八萬四千座寶塔供養，供國人膜拜。

八萬四千，這個數目在佛教中常用來比喻爲「多不勝數」之意，讀者不必執著於字面上的數字。不過阿育王弘揚佛法的事蹟確有歷史可考，其建塔的傳說在近代考古中亦有重大的發現。

十九世紀末曾有法國考古學家在尼泊爾南部境內，即釋迦牟尼佛的誕生地進行挖掘，在 PIPRAVA 地區發現了一個大石櫃，內置有蠟石壺兩只、蠟石器一個，蠟石匣一個，而在蠟石壺中發現有舍利，除此，石壺內還藏有多種黃金飾物，壺上刻文記爲：「藏薄伽佛陀遺骨之聖龕，乃屬於釋迦族即大聖兄之兄弟姊妹，及其兒妻室所有。」後經學者考證此銘文相當於阿育王或更早時期的文字，估計離釋迦牟尼佛涅槃時間不久。而擁有此舍利的釋迦族，即當初八分佛陀舍利中，其中的迦毘羅衛國。許多學者以此印證佛典中「八國八分舍利」之說，也同時說明了阿育王建塔供奉佛舍利的事實。

玄奘法師和佛陀舍利有什麼關係？

在中國歷史上有跡可尋的佛陀舍利子來源主要有二；一是《大唐西域記》中曾記載，玄奘自印度取經回國時，帶回了佛陀舍利一百五十粒；另唐朝一義淨法師亦自印度攜佛陀舍利兩百粒。

唐貞觀三年（西元六二九年）玄奘自長安西行天竺（今印度）求法，行數千里，前後歷經數十個國家後，終於在貞觀七年抵達目的地——印度佛教最高學府那爛陀寺。

當時那爛陀寺能精通五十部經論的只有九人，這些大師被尊稱為「三藏法師」，而玄奘來了之後，即以精深的佛學素養而被列為其中，得到最高的敬重。之後玄奘又在多次的公開辯論中，駁倒了許多大師的挑戰，以至於成為當時全印度最有名的高僧。

留學印度十六年後，貞觀十九年謝絕了印度國王及佛僧的一再挽留而執意回國，當時他除了攜帶大批佛經外，還帶有一百五十顆佛陀舍利，當他返回長安時，數十萬人擁入街衢，就爲了一睹前所未見的佛陀舍利。

同在唐代，西元六七一年義淨法師從廣州循海道前往印度，幾番歷經海上狂風巨浪的摧折，終於在兩年後抵達印度，並同玄奘般如願於那爛陀寺攻研佛典，歷時十二年之久，他搜集諸多玄奘未取回的梵文佛教經典先行到室利佛逝國，在當地進行翻譯工作。

公元六九五年夏天，義淨從室利佛逝國返回中國廣州，再北上抵洛陽，當時他帶回梵文經典四百部、五十萬頌，連同釋迦牟尼佛舍利兩百粒（一說三百）。時值敬重佛法的武則天女皇當朝之年，她親自御臨京城東門十里外，並下拜頂禮，恭迎義淨法師，而全洛陽計有數十萬人鼓樂香花，絡繹於途，敬迎義淨取回的佛經及舍利，其盛況不亞於當年玄奘。

玄奘與義淨帶回佛陀舍利子除了令中國人大開眼界外，似乎還形成了日後中國人一個特別的現象，即捨「舍利」，而特別注重「舍利子」。事實上，一直到現在，東南亞許多佛教國家，如緬甸、泰國，並未像中國台灣一樣只著重在舍利子身上。

佛陀舍利如何從印度來到中國？

按理說，佛陀在印度涅槃荼毗，其舍利應在印度，而佛經上八國八分舍利的故事也如此記載，但是現在東南亞許多國家，諸如泰國、緬甸以及中國，乃至台灣許多地方都有藏有佛陀舍利，這其中的原委有些有跡可尋，但大部分都披上傳說的色彩。

在中國的《魏書．釋老志》中曾記載，阿育王本人具有神通，他是在一天之內，差使鬼神，而完成了八萬四千座舍利塔，而且不單是建在印度，而是建在全世界，該書中尚指出中國的洛陽、臨淄等地都有阿育王塔可尋。

唐代記載佛教諸事的《法苑珠林》更是一一列出了當初阿育王依神力在全世界所建之塔，分布在中國的計有十七處，只不過這些塔基至今已多不可考，分別爲：一、西晉會稽鄮縣塔，二、東晉金陵長干塔，三、石趙青州東城塔，四、姚秦河東蒲板塔，五、周岐州岐山南塔（即今之陝西法門寺塔），六、周瓜州城東古塔，七、周沙州城內大乘寺塔，八、周洛州故都西塔，九、周涼州姑藏故塔，十、周甘州刪丹縣故塔，十一、周晉州霍山南塔，十二、齊代州城東古塔，十三、隋益州福感寺塔，十四、隋懷州妙樂寺塔，十五、隋並州淨明寺塔，十六、隋並州榆杜縣塔，十七、隋魏州臨黃縣塔。

不過今日存在中國的佛陀舍利當不只於此，除了《法苑珠林》中提及阿育王建在中國的十七座塔，其中的周岐州岐山南塔爲今之陝西法門寺塔（法門寺內藏佛指骨舍利），及西晉會稽鄮縣塔爲今之浙江鄞縣阿育王寺內藏有佛陀舍利外，尚有多處寺塔表明寺內藏有佛陀舍利，諸如北京西山佛牙塔、蘇州虎丘塔、鎮江甘露寺鐵塔、北京雲居寺雷音洞。

中國近代出土的佛陀舍利有哪些？

近三、四十年來，中國及其他國家的科學考古人員不斷在大陸發現了許多珍貴的歷史遺址，其中不乏為昔日佛教廟寺，從一千五百多年前的北魏，到近三、四百年的明代皆有。遺址中各種出土佛教文物，有些包括了舍利子，在伴隨的許多文字記錄中，有的明確記載乃為釋迦牟尼佛的舍利，有些則因年代考證或傳說，而被認為具有是釋迦牟尼佛舍利的可能性。

江蘇省鎮江縣甘露寺的鐵塔

一九六〇年中國考古人員在修復江蘇省鎮江縣甘露寺的鐵塔時，在塔基下三、四公尺處發現了一個隱密的石函，上面的石碑刻有記於宋元豐元年（公元一〇八七年）農歷四月初八的《李德裕重瘞長干阿育王塔舍利記》，記著：「上元縣長干阿育王寺塔舍利二十一粒，緣久荒廢，以長慶甲辰歲十一月甲子，移置建初寺，分十一粒置北固山，依長干舊制造石塔，永護城鎮，與此山俱。」

此甘露寺位在鎮江北固山後，始建於唐代末年，當李德裕任潤州刺史時。此寺至宋熙寧年間（公元一〇六九年）時改建一鐵塔安奉佛舍利。明萬曆十一年，鐵塔因海嘯而傾壞，一度修建爲七層高塔。公元一八六八年清同治年間再次崩塌，只剩下二層。

六〇年鎮江考古工作隊打算爲此鐵塔修建時，意外發現了此珍貴的石函。在此石函內發現一只金棺及多只由銀及木製的小盒子，另有四百多枚的古銅錢，除了金棺內有唐代置入的十一顆佛陀舍利外，其他的盒子中還盛有多達七百多顆的舍利，這些舍利有的呈透明，有的呈半透明，大多爲白色，有的大若米粒，有的細如芥子。其數量之多，是歷年所發現中最多的一次。

甘肅涇川縣大雲寺

一九六四年甘肅涇川縣農民在整理田地時，發現了建於唐朝武則天時代（西元六九四年）大雲寺的寺塔地宮，在地宮的正中央有一五層的寶函，由外而內分別爲青石、銅、銀、金、琉璃瓶。石函蓋上刻：「大周涇川大雲寺舍利之函總十四粒」，而就在五層寶函的最內琉璃瓶中，內置有舍利計十四粒。這些舍利的形狀看起來很像米粒，具珍珠質感，最大的直徑只有半公分，最小者只有一公釐，也被視爲釋迦牟尼佛舍利。

陝西省耀縣舍利塔

一九六九年於陝西省耀縣也發現了一座隋代的舍利塔。隋代文帝楊堅爲一虔誠的信佛者，史載他在位間曾建了不少舍利塔供奉舍利，此次發現的舍利塔，即建在他任內的公元六〇四年，石室中並清楚記載，當時奉送舍利到神德寺的法師爲僧暉法師。

在石室中有一高一百一十九公分，長寬各一百〇三公分的石函，上刻有「大隋皇帝舍利寶塔」篆體字，石函蓋上雕刻精彩，刻有佛陀弟子如舍利弗、大迦葉、阿難、大目犍連等尊者，以及護法四大天王等圖像，除此還有許多供奉珍寶如隋代銅錢、瑪瑙、珍珠、水晶、玉器、金銀器。而三枚舍利即放在石函內一鎏金的小銅盒內，亦被認定爲釋迦牟尼佛舍利。

河北定縣靜志寺

一九六九年河北定縣電力公司在準備挖掘溝道時，發現了於公元九七七年，宋太平興國二年重建的靜志寺舍利塔地宮，內藏有四顆舍利。由地宮中銘文得知，此舍利乃歷經了北魏、隋、唐諸代的供奉，最早在北魏興安十二年十一月五日之時，隋仁壽三年（公元六〇三年）曾一度由靜志寺僧眾合力修繕。

出土時的地宮內盛放的供物包括了金質花棺、鎏金天王像、銀塔、銀爐及瓷器，瓷器內尚裝有銀、玉、水晶、瑪瑙、珍珠等珠寶，置放舍利的銅函並雕有菩薩像、龍鳳、花鳥等紋飾。

北京房山縣雷音洞

一九八一年北京房山縣管理人員在清理第五藏經洞——雷音洞的地面時，地面下發現一石板，板下有一洞，洞中放有一五層寶盒，最外層的漢白玉盒蓋上都刻記著：「大隋大業十二年，歲次丙子，四月丁巳朔八日甲子於此函中安置佛舍利三粒，願住持永劫」。青石函內爲白玉函，蓋上有「佛舍利」等字，其內爲鍍金銀函，上刻有青龍、白虎、朱雀、玄武四神圖，內置有少香珠一顆，珍珠十一顆。最裡頭的第五層爲白色盒，邊長僅一．二公分，高一．七公分，裡頭放有米粒般大小的釋迦牟尼佛舍利兩粒。

此舍利的來源在民間史籍中曾有記載，即在隋朝開國時有一印度僧人來到京師，並獻給隋文帝一些佛祖舍利。以後楊堅將其中三粒轉贈給當時的高僧靜琬，是他將此三顆佛舍利安放在北京房山縣石經山的第五藏經洞，也就是雷音洞內。至明朝萬曆年間，此三粒佛舍利一度被取出，並由萬曆皇帝的母親請往慈寧宮供養，但重新置入雷音洞時卻只有兩粒，據說另一粒是在慈寧宮中供養時不翼而飛。此次雷音洞舍利的出土，似乎證實了這項民間傳說。

陝西省臨潼縣磚砌地宮

一九八五年於陝西省臨潼縣一磚瓦廠地下約六公尺處，發現了一座磚砌地宮，在地宮的北方牆壁上刻有「釋迦如來舍利寶帳」字樣，四周並雕有關於釋迦牟尼佛一生的故事。在牆壁內發現有一銀槨，槨上精細刻著佛陀的十大弟子，及以白玉和紅瑪瑙製成的蓮花，並在四周鑲有水晶。

銀槨內爲金棺，長十四公分，高九．五公分，寬七．五公分，棺內鋪有錦布，內放置兩個綠色小琉璃瓶，一高一．四公分，一高二．一公分，瓶內裝滿了舍利。此舍利雖無明文說明爲佛陀舍利，但依外牆字樣，及內部雕飾判斷，不無可能爲佛陀的眞身舍利。

浙江省寧波市的阿育王寺

另由梁武帝賜名、浙江省寧波市的阿育王寺建於公元四〇五年，被認定爲釋迦牟尼佛涅槃荼毗後，印度阿育王廣建八萬四千舍利塔的其中之一，此寺據說是在唐朝以後由印度飛到中國來的，充滿了神奇色彩，不過在該寺的記載中，此舍利塔是在晉朝時始被發掘，內藏有釋迦牟尼佛舍利，至於是否來自印度，就非常理所能臆測。

台灣也有佛陀舍利嗎？

在台灣也有許多供有佛陀舍利子的地方，一九八八年斯里蘭卡之瑪西揚格納寺即曾贈予台北善導寺佛陀舍利子一粒。

但在台灣出現的佛陀舍利子中，最爲人稱頌，且伴隨著相當殊勝的因緣，就屬花蓮慈濟精舍內的十顆佛陀舍利子。在台灣佛教界眾所周知，原本擁有此十顆佛陀舍利子的人，乃是具有天眼神通的馮馮居士。

據馮馮居士曾發表於慈濟月刊中的文章表示，他這十顆釋迦牟尼佛舍利子是二十多年前尼泊爾一位法王惟恐尼泊爾變亂，使佛教聖物遭劫，因此將原珍藏在西藏法戒寺內的佛陀舍利分送給許多有緣人供奉，該法王是託高僧慧僧老法師親自護送這十顆佛陀舍利子給隱居於加拿大的馮馮居士。

一九九〇年慈濟證嚴法師籌建花蓮慈濟醫學院，馮馮居士慨捨此佛陀舍利寶，交予慈濟義賣，果然引起各界矚目，最後由諸多大德認捐，每顆捐得四百萬，共得四千萬台幣，並協議將此佛陀舍利供養於花蓮慈濟精舍內。

另在佛光山「佛教文物陳列館」中，有一舍利殿內也供有一粒佛陀舍利子，是星雲法師早年在參訪印度時請回來的。而靈鷲山也有供有數粒舍利子，乃十多年前當心道法師前往尼泊爾，參訪當地一處地方寺廟時，心道法師見該寺經濟情況相當窘迫，於是供養一百美元，該寺住持非常感動，於是拿出數粒佛陀舍利子與心道法師結緣。

歷經兩千多年隨著佛法四佈，（事實上，佛教起於印度，卻在東方被發揚光大）佛陀舍利流佈四方是有可能，更何況當初的八萬四千粒舍利，若再增生，現應不只於此。

還有多少佛陀舍利流散人間？

有人曾問藏有不少舍利子的梭巴仁波切，究竟還有多少佛陀舍利留存於世？他回答地直接：「如果我有神通智慧，就有辦法回答您的問題！」

筆者曾在網路上看到有人拍賣所謂的佛陀舍利，叫價數十萬，還有什麼龍宮舍利的，以及用什麼妙水法會，使人或狗在生前沒有修行的情況下燒出舍利子，言之鑿鑿，所費不貲。端看叫賣者唯利是圖的心態，其真假便埋著一個不確定。

筆者曾到一個古董店中，老闆說他有高僧舍利子，也拿出來給我瞧，感覺鈍拙的我那時可是一點反應也沒有，但有一人竟出口說：「磁場好強啊！」我看看他，他是否有神通？似乎我也必須有神通才能知道。然而我該相信他還是相信自己？

舍利的眞假問題並不在於其本身是否是舍利？或多久前的舍利？而主要在於「是誰的舍利？」數千年來，舍利的出現在佛教中已不是什麼稀奇之事，但是佛陀舍利，乃至幾位歷代高僧的舍利仍被視爲珍寶。而要加以辨識其中的不同，恐怕又非僅外表所能決定。在此種情形下，於是有人以爲，必須有超能力的人才有辦法辨別其中的不同。

梭巴仁波切所言以「神通」得知佛陀舍利的存在，事實上確實曾有人這麼做過。佛教界中公認具神通之人首推現隱居於加拿大的馮馮居士，他曾擁有十顆佛陀舍利，他平常很少向外人展示這些佛陀舍利，只有特別的日子，或是遇見對佛完全誠心的人他才會拿出來。他曾說各人所看佛舍利的顏色和大小都不盡相同，有人看見潔白的，有人看見是金色的，有人見到是透明晶瑩的，有人見到說是像珍珠或玻璃珠等，這都是各人佛緣深淺不同所致。馮馮他即曾以其神通預言，在其境內仍藏有至少兩千多顆不爲人知的佛陀舍利。

Q 燈花舍利也算是舍利？

A 可以說是，也可以說不是。曾有一些佛教道場發現光明燈上都結出晶瑩剔透的五彩結晶，往往被解釋爲佛菩薩感應信眾誠心而示現，所以又稱燈花舍利。但佛教經典中，對此並無確切的記載。

Q 舍利子會不斷增生嗎？

A 是的，不過不見得每一顆舍利子都一定會增生，一般解釋是因爲每個人的因緣不同。

Q 可將舍利子放在往生者口中嗎？

A 是的。就如同在往生者身上蓋往生被一般，此舉乃是希望他能憶念三寶，進而往生淨土。但若非佛教徒，則不宜貿然行之。

Q 舍利塔有一定的格式？

A 沒有。至今各國佛教道場的舍利塔型式皆略有不同，可能是與當地的建築文化相融合的緣故，不過基本上都還是呈下寬上尖的型式。

7
頭條大消息——幾則和舍利有關的新聞

民國四十四年十一月二十五日，在台灣佛教出現了一次的迎舍利的盛事，此次所恭迎的舍利，乃是在中國家喻户曉的佛教高僧——玄奘的靈骨舍利，其規模雖不及唐朝恭迎佛骨般浩大，但在台灣佛教歷史上，也算得上是空前。

玄奘舍利來過台灣？

玄奘靈骨乃是由日本慈恩寺迎請至台灣，當中國佛教會的奉迎代表搭飛機抵台時，在機場恭迎的法師及居士分別身著海青以及長袍馬掛，而靈骨抵台後暫放於台北善導寺，於是從機場到善導寺，凡路經的民家，皆在家前擺桌、放鞭炮，接迎靈骨的車子迤邐成串。隨後親臨善導寺的各方信眾，更是川流不息，有人長跪不起，有人虔誠禮拜。

玄奘爲中國佛教史上數一數二的高僧，他橫越沙漠，歷經千辛萬苦到印度取經的故事，也被改編爲家喻戶曉的章回小說《西遊記》，在印度，玄奘因佛學淵博而被列爲至高的「三藏」法師，也被當地尊稱爲「中國的大乘天」，回中國時，印度國王甚至派專車專人隨行護送。而當玄奘於六十三歲圓寂之時，中國的皇帝唐高宗一度放聲大哭，三日不上朝，足見其地位聲譽之偉大。

在總章二年（公元六六九年），唐高宗便把玄奘的靈柩遷葬於樊川北原，建五層磚塔藏之，並隨即建寺，以示紀念。後來，唐肅宗李亨曾來此遊覽，題塔額曰「興教」，從此這座寺院以「興教寺」命名。

興教寺建成之後，千百年來飽經滄桑。據《塔銘序》記載，在建寺約百年之後，「塔無主，寺無僧，游者傷目」，其荒涼可想而知。黃巢之亂，塔身被人毀壞。後至宋端拱元年，終於在南山可政沙門於紫閣寺發現玄奘法師頂骨。宋仁宗天聖五年，玄奘法師的頂骨被人移葬在南京天禧寺的東岡塔內。明洪武十九年，又被移至南岡三塔之上。以後日久湮沒，一代聖骨，不知所終。

玄奘的靈骨一度行蹤成謎，在民國三十一年值中日戰事最爲激烈的時候，日本軍人在南京中華門外金陵兵工廠舊址上修築工事，挖地基時突然掘得一石匣，上有一行文字，後經洗涮辨識後，方知此石匣中所置，乃是中國高僧玄奘的頭頂骨舍利，共計十七塊，顏色大小各異。

於是，他們準備將其偷偷地運回日本。這消息很快傳遍了南京和全國，許多愛國人士提出強烈抗議。在強大的輿論壓力下，日方勉強答應將石匣內靈骨分成兩半，一半留日本，由日本佛教徒高森隆介迎至在東京都約五十里外崎玉縣的慈恩寺建塔供奉；另一半帶回中國，分別在南京玄武湖內的五洲公園中建塔供養，及在北平建塔供養，繼而在日後又再遷入興教寺。

民國四十一年秋天，世界佛教徒友誼會於日本東京舉行，我國代表有當時的佛教會長章嘉大師及印順法師等人出席該會。在會議之餘，我代表團向高森隆介磋商，希望將部份玄奘靈骨舍利迎回台灣，數度努力後，終於得到高森隆介的同意。

此次從日本迎玄奘靈骨至台灣一事還發生了一段小插曲，即後來中共得知此消息後，也派出代表去日本，企圖將玄奘靈骨迎回大陸，但當時的中國共產黨本質上爲無神論，並不鼓勵宗教，甚至以爲「宗教是人民的鴉片」，因而不獲日方信任而未能遂行。

至於民國四十四年由日本迎回台灣的玄奘靈骨舍利，在善導寺暫放數日後，靈骨環行全島一周，夾道接受民眾的膜拜。後即移至苗栗獅頭山開善寺及日月潭畔之玄光寺供養，在安奉於玄光寺六年期間，政府還派遣情治人員嚴密保護。直到民國五十四年日月潭德化社附近之玄奘寺落成，遂將玄奘靈骨舍利安奉其中至今。至於原安奉在日本的那一份，因國際情勢的變化，中共與日本關係趨好，已於一九八四年十月玄奘法師圓寂一三二〇周年時，日本已將之交還給大陸興教寺。

佛指骨舍利的最新發現？

一九八七年五月從中國陝西法門寺傳出一個驚動全球佛教界的大新聞，即中國考古人員於法門寺塔下的地宮中，發現了佛指骨舍利，此重大發現隱含了許多重要的意義，一是從法門寺的建造歷史影射到佛陀滅度兩百年後，印度阿育王興建八萬四千座塔供奉佛陀舍利的事實，另一是出現在中國歷史記載中，數次由皇帝親迎佛骨舍利的事蹟，也因法門寺佛指舍利的出現，而做了更進一步的證實。除此，地宮遺址的發現及眾多古文物的出土，在世界的文化史上也是一大盛事。

一九八一年八月，位在中國陝西關中平原西部的法門寺內，於明代重建的十三級磚塔，因連日不斷的豪雨而使地基下陷，磚塔於是轟然一聲向右傾斜，三分之一塔體崩毀，內藏經書佛像四散。此歷史古蹟因天災造成的損毀，立即引起世界各國佛教團體的關切，先後有來自日本、香港、泰國、新加坡、尼泊爾、美國、加拿大、馬來西亞等國家的民間組織表示願意幫助修復古塔。

一九八五年中共始重建寶塔，至一九八七年五月，修復人員在整理塔基時赫然發現塔下似乎有一隱密的地宮。經過仔細的辨察後，果然找到進入地宮的密道，考古人員在地宮中發現一石造密室，當時密室之門被兩塊大石給封住，其上並以楷書刻滿了碑文「大唐咸通啓送岐陽眞身誌文」，乃是唐代最後一次迎佛骨後所留下來的，以九百多字明確記載許多有關法門寺佛陀舍利的來龍去脈，其中亦說明當初印度無憂王（阿育王）造塔供奉佛陀舍利，此初名岐陽重眞寺的法門寺即爲其一。元魏二年，拓跋育開塔基，供養佛指骨舍利，爾後唐朝多位皇帝迎佛骨舍利的事蹟也一一被記錄在此碑文中。

同年五月七日，考古人員在緊張與興奮交織的情緒中，陸續挖掘到地宮中由唐代諸帝施奉的大批金銀財寶，並在後室中發現了一個八重寶盒，裡頭裝有一枚佛指舍利。接下來幾天，考古人員又在地宮中相繼發現了另外三只形狀相同的佛指舍利。

此次在法門寺地宮中一共發現了四枚佛指骨，其形狀與唐代道宣法師在《集神州三寶感通錄》中所描述大致符合：「佛指長寸二分，內孔方正，外楞亦爾，下平上圓，內外光淨，以指納孔，恰得受指。」不過後來經過鑑定，其中三枚乃爲玉質，只有一爲骨質，再細看地宮內碑文所載：「佛指舍利……中有隱跡，色白如玉，少青」，最後證明了第三個被發現、呈乳白色，上有一些霉點及一條裂紋的指骨，才是釋迦牟尼佛的眞身靈骨，而其他三個乃爲仿製品，蓋只有故弄玄虛，才能在類似唐武宗「會昌法難」滅佛事件，或地宮遭人偷時，減低眞佛指骨遭劫的機率。

此枚佛指骨舍利就如同今存在斯里蘭卡的佛牙舍利一般，被眾人視爲國寶，在一千多年前，曾被諸代當朝皇帝所尊崇供奉。

真的有佛陀髮髻舍利？

二〇〇一年年初有一則大陸新聞引起世界佛教徒的注意，即大陸官方宣布他們在江蘇的雷峰寺挖掘到地宮及一些古代文物，其中可能包括了世所罕見的佛陀髮舍利。

雷峰塔乃由五代吳越國（西元九〇七～九七八年）國王錢俶（西元九四七～九七八年）爲慶祝妃子黃氏得子，並供奉佛螺髻髮而建，於《湖山便覽》中有詳文記載雷峰塔如下：「吳越王妃黃氏建，以藏佛螺髻髮……始以千尺十三層爲率，以財力未充始建七級。後復以風水家言，止存五級。」

清末民初，因盛傳雷峰塔磚可避邪，引來許多盜挖者，使結構大損，終於民國十三年九月間轟然倒塌，「雷峰夕照」至此名存實亡，僅留遺址長年荒蕪。

公元兩千年十月，杭州當局決定在雷峰塔原址重建傾圮了七十六年的古塔，以補齊殘的「西湖十景」之「雷峰夕照」景區。

翌年二月，浙江省文物考古研究所即對雷峰塔遺址進行第一階段發掘，從三月十一日至三月十五日，經過長達十八個小時的挖掘，考古隊在邊長〇．六公尺、深度爲一公尺的雷峰塔地宮裡共挖出五十九件文物，計有：鎏金銅佛像一尊、三個小羅漢像、包括一個很大的玳瑁手鐲在內的四件玉器以及瑪瑙、琉璃小件，八面銅鏡、四件銅製如意雲紋等，以及一件重達一多公斤的鐵製舍利函。在舍利函中尙裝有金塗塔、銅鏡、一條帶有裝飾物的吳越國皮質腰帶、藍色小玻璃瓶、銀盒等六件寶物。其中以金塗塔，也就是地宮的鎭宮之寶最受矚目。

在金塗塔四週的鏤空部分，可以看到塔內藏有的金質容器，在塔的四面飾有佛祖故事題材的淺浮雕。一般相信，此應即是塔主吳越王錢俶供奉「佛螺髻髮」的金棺。

7 頭條大消息——幾則和舍利有關的新聞

雷峰塔地宮供奉「佛螺髻髮」一事，除錢俶自撰的《華嚴經》跋文之外，歷代文獻如《咸淳臨安志》、《淳臨安志》、《湖山便覽》都有記載，先前考古隊在遺址中也曾發現刻有「佛螺髻髮」字樣的殘碑。

「螺髻」就是釋迦牟尼佛的頭髮舍利，像螺絲一樣盤旋著，比一般的舍利子更爲罕見。大家相信，此髮髻應存在金棺內的小瓶子裡。

可是當全球佛教界鵠盼佛陀髮舍利再度面世時，浙江省文物考古研究院竟突然宣佈，爲保護文物，並按照宗教慣例，今後將永不打開金棺。

此事一度引起各界批評及揣測，大家認爲此雷峰塔雖有歷史價值，但終究佛陀的髮髻才是精髓所在，豈有在臨門一腳時才突然宣告「不玩了」之理；更何況，就算爲防文物被破壞，而不打開金棺，也可以利用儀器加以「透視」，是以有關單位如此不負責任的做法，只會更讓人懷疑，是不是金棺被打開了，卻不見傳說中的髮髻，所以與其使大家大失所望，不如宣布不打開金棺。

Q 非佛教徒也能燒出舍利子？

A 是的。佛教認爲舍利子乃由戒定慧薰修而成，但在其他的宗教中有許多戒律也等同於此三者，所以非佛教徒也可能燒出舍利子，只是他們對此並不特別重視。

Q 供奉舍利子需要特別的供品？

A 是的。在中藥裡有一種稱爲紅花的藥材是普遍用來供奉舍利子的供品，也有用供佛七寶來供奉的，不過最重要的是心意。

Q 舍利子的形成和火葬方式是否有關？

A 沒有。古今火葬的方式不同，但都一樣能燒出舍利子，舍利子的形成也和火化時的溫度沒有直接的關係。

8

舍利之最——史上最迷戀舍利的唐代

唐代諸帝禮佛，在中國漫長的歷史中形成了一個特別的現象，從唐高祖武德元年到唐哀帝天祐四年，一共二百九十年的時間，除了武宗李炎外，各代皇帝幾乎清一色崇信佛教。唐代諸帝，有數次以一國之君的身份親迎佛指骨舍利入宮，奉迎儀式之隆盛，供奉金銀財寶之多，可謂極盡豐厚之能事。

發生在唐代佛指骨舍利上的異事？

第一次供奉佛指骨舍利的經過，在《集神州三寶感通錄》中有詳細的記載。當時岐州刺史張亮崇信佛法，一回聽聞法門寺地下埋有關於佛陀舍利的傳說，於是在上奏恭請太宗准予挖掘後，果然挖出佛指骨舍利。消息一出，法門寺周圍數里道路上即出現了絡繹於途的信眾，前來瞻仰難得的佛家珍寶。

唐佛書《法范珠林》中也收錄了這次瞻仰佛骨的許多異事，包括眾人看到佛骨時各有不同的反應，有人見之如白玉，有的見之為綠色，有的看見周圍出現五色光環，甚至還有人視而未見；此外一位眼盲的老翁，在親近佛舍利後，更忽然恢復了視力。

一代女皇武則天也是舍利的崇拜者？

中國第一位女皇帝武則天也是位虔敬佛法之人，她在位期間，曾兩度不惜鉅資舉行奉佛儀式，其中一件就是迎法門寺佛骨入宮，史書記載，武則天在此佛舍利面前全心做了一次「身心護淨，頭面盡虔」深刻而虔誠的祈禱。

另唐德宗時期也曾因京師長安地震頻頻發生達三十幾次，皇城宮殿多處毀損，甚至有十幾個衛士被倒下的屋頂壓死的嚴重事件，爲了安撫人心，唐德宗於是奉迎法門寺佛骨舍利。

到了唐憲宗迎佛骨至京師長安時，御駕親至城門接拜，憲宗看到佛骨舍利時，還激動地吟出一首讚嘆的七言詩作：

功成積劫印文瑞，不是南山恐難得。
眼睛數層金色潤，手掌一片玉光寒。
煉經百火精神遊，藏之千年瑛彩完。
淨果重修眞祕密，正心莫作等閒看。

憲宗之後，唐代發生一次武宗滅佛的「會昌法難」事件，大量佛經被燒燬，寺廟被拆掉，僧尼也被迫還俗，而法門寺中的佛指骨舍利也遭劫，不過當時寺僧即以贋品搪塞上命，方使眞身指骨倖存於世，後由懿宗尋出，並迎至宮中供奉。

有人燃臂斷指供奉舍利？

懿宗時迎奉佛骨入城的隊伍是以禁衛軍為前導，後面緊接著是宮廷樂隊，隨之奉迎的人潮綿延京城外十公里之長，正如史書所記錄：「儀衛之盛，過於郊祀。」唐人蘇鶚並於《杜陽雜編》一書中寫下了對此次迎請佛骨的親身見聞，書中有提及不少善男信女以斷指截髮表示崇佛之心，有一軍卒，竟在佛骨前斷其左臂，用右手拿起斷臂，一步一拜，終因疼痛難忍，失血過多而昏倒在地。還有一僧，把艾草放在頭上，以火點燃，痛苦難當時則口誦經文，及至最後仆臥於地。

此佛骨於僖宗咸通十五年時（公元八七四年），在懿宗、僖宗及皇后、王公貴族、諸多高僧大德的目送下，隨著無數珠寶法器，在盛大的密宗法會中一同放入地宮之中，從此沉寂千年，直到一九八七年才再度面世。

韓愈因為佛骨而被貶？

中國歷史中，再也沒有比唐朝更盛行佛教的朝代，唐太宗、唐高宗、武則天、唐肅宗等君均篤信佛教，在位時不但禮敬佛教，廣建寺廟，廣譯佛經，期間更大力贊助高僧如玄奘、義淨等至天竺取經，護教可謂不遺餘力。

唐朝盛傳法門寺佛骨舍利只要三十年一開，則歲豐人安，五穀豐登，兵戈自息、天下太平，因而有諸帝七迎佛骨的記載，其盛況可謂空前。諸如唐太宗迎佛骨時有人見到了佛骨舍利而刺血灑地；高宗時從法門寺經長安到洛陽的數百里路上，道士善男信女絡繹於途，稱頌佛德，皆欲一睹佛骨眞身舍利；武則天迎佛骨舍利時，王公市民皆爭獻供佛，香花鼓樂不絕，燒指頂缸禮佛者難以計數；唐嚴宗親臨皇宮中所設之精舍，日以繼夜向佛骨舍利祈禱；懿宗時長安城大道以彩帛結成高及八、九尺之樓台香剎，並以金玉裝飾爲彩樹，吹螺擊鈸載歌載舞等，莫不對佛骨舍利鞠躬盡瘁。

不過在此盛讚佛骨舍利的浪潮中，亦出現了不同的聲音，這個一鳴驚人，爲唐朝歷史寫下特異一頁的人，即是被列爲「唐宋八大家」之首，「文起八代之衰」、「力掃六朝綺靡之習」的大文豪韓愈。

以傳統儒家道德爲正教，素來不信佛教的韓愈，在唐朝第六次迎佛骨舍利時，任職唐憲宗朝的刑部侍郎。他對憲帝迎佛骨，而使官民解衣散財之舉，斥之爲傷風敗俗的愚昧行爲，他看到全國一時人心鼎沸，一心向佛，再也按耐不住心中的悲憤，進而洋洋灑灑寫下了〈諫迎佛骨表〉一文，呈送給唐憲宗。

文中他同樣發展寫作之長，旁徵博引唐朝之前各代皇帝，從上古的黃帝、少昊、顓頊，到夏禹、商湯、文王、武王等，雖不崇佛卻能長壽延年，天下大治，百姓安樂，而從漢明帝時始信佛法，在位只有十八年，五代以下的信佛之君，多爲早亡短壽，因而指出「佛不足事」。

韓愈進一步指出釋迦牟尼佛本人爲夷狄之人，「與中國言語不通，衣服殊製，口不言先王之法言，身不服先王之法服，不知君臣之義，父子之情。」他以爲佛骨爲不祥、朽穢之物，建議憲帝「投諸水火，永絕根本，斷天下之疑，絕後代之惑。」如此方能顯出憲帝的「大聖人之所作爲，出於尋常萬萬也。」

該文最後一段，韓愈爲了證實所言不虛，還以自己的生命做爲賭注，說佛如有靈，能作禍祟，凡有殃咎，一切都由他一人承擔，絕不後悔。

此文如同將一杯涼水澆在烈火之上，滋滋作響，唐憲宗看完後怒火中燒，將〈諫迎佛骨表〉丟到地上，氣得一句話都說不出來，下詔立刻處死韓愈。

然而韓愈是立過大功的朝廷重臣，更是全國皆知的大文豪，此旨一出，立即使滿朝文武驚駭不已，宰相裴度於是趕緊站出來爲韓愈說情，指韓愈其實是爲了皇帝好才直言不諱，算是忠心之臣了，當初唐太宗不就接受了魏徵的直言，而能親賢疏奸，安邦治國。

不過唐憲宗可不只是一時情緒而已，他進步憤怒地說：韓愈怎能用「朽枯之骨」、「朽穢之物」這樣不敬的字眼，還要「投之水火，永絕根本，」昔日唐太宗信佛，迎佛骨，不就有國泰民安的貞觀之治，武則天不也信佛而強盛？再者，韓愈文中以信佛之朝必「運祚不長」、「年代尤促」，不正是咒罵唐憲宗？

韓愈聰明一世，糊塗一時，文中所言被唐憲宗批得狗血淋頭，最後仍言：「作為人臣，如此狂妄，罪實難恕。」群臣雖見皇帝怒不可遏，但如因此就將韓愈處死又說不過去，於是集體向唐憲宗求情。眾意難為，最後唐憲宗於是改判韓愈貶為潮州刺史。

韓愈此舉雖未能扭轉憲宗崇佛之心，但是二十五年後，卻發生了唐武宗滅佛的「會昌法難」事件。他下旨毀掉全國的佛寺，將佛書一併燒光，被殺的或被迫還俗的僧尼有數十萬之多，不知是否受了韓愈的影響，因為韓愈曾在另一篇論文

〈原道〉中主張，對全國的佛教「火其書，廬其居」。

舍利子常識

Q 舍利子是質能互換的呈現？

A 有此一說。成大醫學院神經科賴明亮教授曾表示，一如核能及原子彈的形成，是由少量的物質轉化爲巨大的能量。所以如果有很大的能量，透過合適的轉換條件，應該也可以變成物質。舍利子或許就是一例。

9
永恆的安居之所——舍利塔的造型

爲了表示對舍利的恭敬，一般人都希望以一個最好的方式來供養所擁有的舍利，首先自當是爲舍利準備適當的容器，即舍利塔，不過，什麼樣的舍利塔才叫適當呢？

舍利塔有一定的格式嗎？

在中國歷代出土的舍利（子），多被小心謹慎地安置在地點隱密、外觀雅致的容器中，諸如陝西法門寺發現的佛指骨舍利，即被安放在分別由木質、銅質、玉質、乃至銀質、金質等九重四方形寶函中，最內層的佛指骨則供奉在形如傳統中國廟宇的小金塔中。另在中國江蘇鎮江發現的舍利鐵塔中，則在一只長形金棺內置有唐代置入的十一顆佛陀舍利；甘肅涇川縣大雲寺發現的舍利則放在一只五層的寶函，由外而內分別為青石、銅、銀、金，舍利子則放在琉璃瓶中。這些寶函的外表多鑲上珍貴的珠寶玉石，亦有精雕一些有關佛陀故事或佛教護法神的圖案，若只由容器來看，除了精細、隱密、華美的共同特色外，似乎沒有一個既定的格式形狀。

不過今天若到較大的佛具店，或佛教文物中心，則又會看到一些大小皆有，專門用來盛裝供奉舍利的容器，一般都以下寬上尖的圓形金字塔形爲主，某些在層層疊起的圓形中還設計了一至二層的四方形，其尺寸雖有不同，形狀卻大同小異，皆爲「塔形」爲主。作家謝冰瑩當初擁有一顆舍利時，到銀樓訂製了一個三層寶塔，上下爲方形，中間爲圓筒狀，舍利子就供奉在其中，此形狀到底是謝冰瑩所提供，還是銀樓老闆的主意不得而知，但的確掌握了「塔」的觀念。

至於要追究「舍利塔」應是圓形還是方形？該是三層、五層、九層還是十二層，並無標準，然而，有一個明確的事實是，中國的塔，乃至「舍利塔」，是佛教東傳後，與中土文化融合後的結果，與印度，乃至中南半島一些佛教國家，如泰國、柬埔寨、越南都不相同。若從佛教的傳說典故上來探究，不論是中國或亞洲一些國家的塔形，多少都融入了一些本土色彩。

古印度佛塔長得什麼樣子？

在古印度中所謂的塔爲Stupa，譯爲窣堵波，早在釋迦牟尼佛之前即已存在，爲婆羅門教埋葬往生者火化後遺骨的墳塚，其形狀下爲一半圓形土堆，圓上突出一方形，方形上再覆像傘蓋的四方平台。

現在於印度德干高原上著名的阿占塔（Ajanta）佛窟群的第十窟內，佇立有一座舍利塔，建於公元二世紀到五世紀間，即大力提倡佛教的印度阿育王時代，其形狀最下是圓形平台，圓形平台上的主體爲一倒碗形，碗上爲突出的方形，方形上再覆一稍大，像傘蓋的四方平台。塔面沒有任何雕塑裝飾，相傳當初其內供奉有釋迦牟尼佛舍利。此塔一樣被稱爲Stupa，但其意義卻不是墳塚，而是佛塔。

不過同樣在印度，另於中央邦博帕爾城附近有桑奇四塔，其中的第一號塔亦建於阿育王時期，其塔的形狀略有不同，除了底層和中層與上述阿占塔的舍利塔一樣外，此塔在方形平台上尚立有尖長形的塔尖。而且此塔表面出現了以佛陀一生故事爲主的精美浮雕，只是沒有直接雕出佛像（原始佛教本不立佛像）。

釋迦牟尼佛曾指定舍利塔的形狀嗎？

到底何者是最原始的舍利塔難以考究，但有一傳說可為讀者參考，即相傳釋迦牟尼佛在涅槃前，曾有一弟子請教他如何供奉其遺骨舍利？釋迦牟尼佛在略作沈思後，將身上的衣袍鋪在地上，再將化緣的托缽倒放在衣袍上，最後再拿起錫杖示意豎在托缽上，於是圓形的塔身和向上的塔尖，便成了舍利塔的兩個基本的格式。

在泰國的大多數寺廟中都會有舍利塔，但裡頭大部分都未存有舍利，舍利塔在此只是佛陀的象徵。其形式有多種，但皆以鐘形為主，即塔底層有的為圓形，有的為方形，中間主體為倒鐘型，鐘上再向上直立一尖塔，其層數亦不一，由三層至十多層皆有。

在印尼爪哇島上有一世界上最大的佛塔婆羅浮屠（Borobudur），乃建於公元八世紀到九世紀間，當時爪哇深受印度文化影響，其遺址上的佛塔亦爲倒鐘形，但除了中間主體爲倒鐘形外，圓形底部，與鐘形主體上方形平台，乃至平台上的長形尖塔，可說與印度桑奇舍利塔最爲相似。

中國的舍利塔已經過本土化？

至於中國的舍利塔，最大的不同在於融入中國傳統建築「重樓」的格局。東漢明帝時派蔡愔、秦景等人往大月氏天竺求法，以白馬馱運佛經至洛陽之前，中國的宗教以道教爲主，「重樓」即古代方士用來修煉用的高層屋樓，其目的在於相應道家羽化登仙的境界。

因而當佛教傳入中國時，印度的窣堵波便漸與重樓相融合，往後中國所建的塔寺，除了窣堵波最上層的尖塔被保留外，窣堵波其下的圓形底層，中間半圓形的主體，皆被多層、多角的重樓格式所取代。另中國重樓式的舍利塔樓還有一特色，即習慣在各層塔四周，尤其是高層塔上懸掛金鈴等飾物。在《魏書・釋老記》中即記載白馬寺的塔寺爲「依天竺舊狀而重構之」。即說明了古代中國在建舍利塔寺時，乃有意識地重新構圖，將之本土化。

中國的舍利塔寺由早期單一建築演變到後來，逐漸成爲寺廟的一部分，一則因爲在塔周擴建雄偉殿堂，規模較小的舍利塔便削減其形，二則因爲佛像漸成爲寺廟內主要爲人朝拜的對象，取代了舍利的唯一。

現在全世界的佛教多建寺供奉佛像，已很少出現爲供奉舍利而建單一塔寺的情形，其後縱使寺廟奉有舍利，也不另建舍利塔建築，而以舍利塔容器裝之，再奉於寺廟的某一堂寺中。

於是當今在寺廟，或在佛具店中所見到的舍利塔容器，除了當中置放舍利之空間設計多爲圓形外，中國傳統舍利塔建築的重樓與掛飾仍被沿用著。

Q 素食者才能產生舍利子？

A 不一定，許多非素食的在家居士也曾於往生後燒得舍利子。吃素並不代表一個人的修行境界。

Q 能否分辨舍利子的真假？

A 可以。若是歷經久遠的舍利子，還是可以類似碳十四的考古方法加以檢驗，但是心道法師曾強調：「這世間所謂的眞假，全是由於我們有分別心。」

10

舍利傳奇——台灣高僧的故事

高僧荼毗後燒出舍利子其實不足爲奇，從歷代記載中，本就可查到成千上萬個例子。不過仍有一點值得我們好奇的：一個燒出舍利子的大師，他的生平是否眞的不同於常人？

章嘉大師燒出六千多顆舍利子

民國四十六年三月十一日在台灣各媒體出現一則引人矚目的佛教界新聞，即章嘉大師圓寂荼毗後，發現有舍利子六千餘顆，這是繼弘一大師於上海火化得四百餘顆舍利子後，近代一則因舍利子而轟動一時的佛教大新聞。

主修密宗的章嘉大師，據稱是釋迦牟尼佛大弟子尊達的第十九世轉生，民國前二十二年生於青海省大通縣。幼時的章嘉即表現異於常人，言行舉止與其前世，即第十八世圓寂前所暗示的轉示跡象相符，因而在九歲時便被迎接到內蒙古的多倫。在未隨國民政府來台之前，章嘉大師乃是公認的蒙藏四大活佛之一，所謂的四大活佛就是前藏拉薩的達賴活佛，後藏扎西倫布寺的班禪活佛，外蒙古庫倫的哲布尊丹巴活佛，以及內蒙古多倫的活佛，即章嘉大師。

在清世祖康熙皇帝時，章嘉大師的第十四代身曾被封爲「章嘉呼圖克圖灌頂普善廣慈大國師」，「呼圖克圖」在蒙語中的意思是「能知過去未來，生死自如」。章嘉的前世中也一度是清雍正皇帝的教師。民國建立，國民政府乃封章嘉第十九世爲「淨覺輔教大國師」德號，並在遷台後爲台灣佛教界的領袖。

章嘉大師的一生，謹守密宗戒律，熟讀上乘經典，終其一生持金剛頂咒，未曾間歇，每日不忘禮佛誦經，跏趺坐禪，爲其常課。其人生活簡單，過午不食，待人接物，和藹可親。

章嘉大師在世時也傳有數次神異軼事，一次是他在第十三次朝拜南五台（位在大陸西安市秦嶺北路）時，隨從的人很多，天氣極燥且熱，走到途中，大夥口渴卻沒水喝，於是大家四處找水，只留章嘉一人看東西。等了好一會兒，看大家都還沒有回來，於是章嘉大師便自個兒拿一只碗，想從山壁找可能流下的山泉，可是仍舊一無所獲。絕望之餘，章嘉大師突然在沙漠中發現了一泓甘泉，非常的清淨，於是他彎身取水，正要喝時，卻看見了三個漢僧向他走來，而且都身穿著棉襖，卻不熱也沒流汗，章嘉大師看到三人，很高興地請他們一同喝水，之後章嘉大師想到同行的人也許還未找到水，於是趕緊去找大家來喝水，但當他帶領大家來到甘泉處時，竟一滴水也沒有，只有他先前用來喝水的碗還在原地，碗中尚留有一點未喝完的水。

最奇怪的是先前的水塘竟消失的無影無蹤，而那三位僧人也不見了。此在沙漠中奇異地獲得甘泉的例子，在唐朝玄奘西去印度求法時也曾發生過，大家皆認爲是護法顯現來解救大師的神蹟。

章嘉大師於民國四十六年三月四日中午十二時，於台大醫院因胃癌而圓寂。當時依西藏密宗禮儀，在圓寂地點停留滿二十四小時後，將遺體移往其住處，即今台北青田街藏蒙文化中心處。

七日後舉行荼毗火化，地點在北投中和寺福壽山，於下午一時二十分引火。

七天後，也就是十八日始啓爐拾骨，當時眾人驚見爐中出現甚多舍利子，有像珊瑚枝而上頭黏有許多小粒，有的呈圓珠狀，也有聯珠形者，最奇特的，有一顆形呈扁圓、周有八輪，也有許多是不規則形，顏色則以灰色最多，白色圓粒者計數十顆。

此消息一出，當時國內立即一陣轟動，各報館記者紛紛前往拍照。此是國民政府遷台後，第一樁在台灣因佛教高僧圓寂荼毗後，燒得舍利子而廣泛引起大眾視聽的新聞。

苦行有成的廣欽老和尚

台灣近代被視爲得道高僧，其涅槃後又燒得爲數甚多的舍利子，且附帶有多起神蹟事件而廣爲人知的，就屬人稱「水果和尚」的廣欽老和尚。

廣欽老和尚生於清光緒十八年，西元一八九二年，爲福建漳州惠安人，本姓吳，幼時家裡赤貧如洗，四歲時，父母因其兄無錢取妻，而將其賣予別人做養子。此養母茹素，廣欽亦從七歲時即自願素食，不曾中斷。稍長，養父母相繼去世，所遺田地，近親覬覦之，廣欽於是感慨世事無常，頓萌出家之念，便逕行投往泉州承天寺出家。出家之後專志苦修，由於自小不曾受過教育，大字不認得幾個，既不能講經，又不善敲打念唱，心想無法爲寺廟做些建樹，於是每天爲大眾盛飯後，等大家吃飽了，然後再拾起掉落在桌上地上的飯粒來吃，此外，舉凡一切粗活賤役，極力承擔，從無怨言。

民國二十二年，師謁莆田縣囊山慈壽禪寺妙義老和尚求戒，之後決定進一步潛修，於是攜帶著簡單的衣物及十餘斤米，前往泉州城北清源山上之石洞，一心坐禪念佛，米糧盡絕，即以樹薯、野果充飢，山中多猴虎，久之人獸相處和睦，遂有猿猴獻果、猛虎皈依之事，「伏虎師」之名號乃不脛而走。

廣欽老和尚打坐時常入定，能一定數月而不食不動，甚至鼻息全無，曾經一度使眾人誤為圓寂，準備火化，幸弘一大師聞之，趕往探視，方曉仍在定中，乃彈指三下，請師出定。

廣欽於民國三十五年出洞下山，回到承天禪寺，當時他已五十五歲。回寺不久，擺在大殿的香火錢竟不翼而飛，眾人於是懷疑是廣欽所為。但是面對眾人疑慮怨懟眼光，廣欽絲毫不為所動。數日之後，監院寺及香燈師才出來講話，原來香火錢並沒有掉，只是他們想藉此考驗廣欽，看看他在山上苦修十三年，修得什麼成果。自此，大眾對廣欽另眼看待。

民國三十六年廣欽來台，先在基隆極樂寺、靈泉寺掛單，數年後再至三峽成福山上天然石洞中過隱居修行生活。但知道的信眾愈來愈多，大家逐漸在石洞附近搭蓋竹棚，而後瓦屋，以至修建成最後的承天禪寺。寺廟規模隨著絡繹不絕前來聽法的信眾而逐漸擴建宏偉，廣欽老和尚之聲名亦隨之遍傳全省。

民國七十四年歲末，廣欽召集各分院弟子一一囑咐，言圓寂火化後，將靈骨分別供於承天禪寺，廣承岩及妙通寺三處。數日後，廣欽在妙通寺中日以繼夜念佛，正月初五早晨眾人見之仍如以往一樣定靜安詳，並無異樣。豈知於下午二時左右，忽告之眾弟子「無來亦無去，沒有事」之語，並向徒眾頷首莞爾，安坐閉目，不久，即在眾人的念佛聲中安然圓寂。

廣欽老和尚荼毗後共得較大各色舍利子一百多顆。在這之前，隱居加拿大，一位具有第三眼神通的馮馮居士即已知曉廣欽老和尚必定會燒得不少舍利子，原因是當廣欽老和尚在台灣妙通寺涅槃之前不久，其法身即曾示現在馮馮居士加拿大的家中，當時馮馮居士並不知悉老和尚入滅的消息，事實上馮馮並未親自見過老和尚，只是知其人而已，然在老和尚的示現中，老和尚向他介紹自己是廣欽，馮馮居士除了知悉廣欽已證得菩薩果位外，也看見數以千計的放光七彩舍利，之後不久台灣友人才打電話向他傳此消息，但對方未開口，馮馮即先行說明原委了。

此是佛教界中廣爲人知的一段有關舍利子的奇事，爲舍利子的不可思議性再添一章。

全台首位得全身舍利的慈航法師

台灣佛教史上第一位成就全身舍利者的，是慈航法師。主籍福建省建寧縣的慈航法師，十一歲時母棄世，十七歲時父見背，孑然一身，於是赴峨嵋峰出家，禮自忠和尚爲師。十八歲始到九江能仁寺受具足戒，受戒後，遍禮九華、天台、普陀諸道場，參禪於揚州高旻寺，聽教於諦閑大師，學淨於度厄長老，求學於太虛大師之閩南佛學院，得法於圓瑛法師。兩度閉關，並以六年時間閱讀大藏經，精通教義。

三十五歲時任安慶迎江寺住持，曾創辦佛學研究部、僧伽訓練班等，致力教育，深得太虛大師的讚賞。民國三十七年，五十四歲的慈航法師應台灣中壢圓光寺禮聘來台辦佛學院，隔年即駐於汐止靜修禪院，四方學者多來請益，聽法者眾，每日講因明、唯識、楞嚴、楞伽、攝大乘論諸經典。

五十八歲時，法師在彌勒內院行第三次之閉關，兩年之後，於民國四十三年在法華關中始身感不適，但慈航仍持續閉關功課，並親筆寫了一張紙條告知來探望他的人——「承善意來看視者，只可在窗口探望，代念觀世音菩薩聖號！切忌手摸頭額，胸口、手脈及鼻息，不但於我無益，反害於我。六十高齡，我已歡喜捨壽。切忌醫藥針灸！」

慈航法師於農曆四月四日圓寂，他對自己往生後的情形似乎早已知悉，在其十點事先立好的遺囑中，有五點即是針對其遺體所做的特別交待。

一、圓寂後不發喪，不訃聞，不開追悼會，凡起龕安葬，莫請法師封龕說法種種儀式。

二、遺體不用棺木，不用火化，用大缸跏趺盤坐於後山，三年後開缸，如散壞則照樣不動藏於土，如全身裝金入塔院。
三、圓寂後一切禮懺放燄口超薦佛事莫做，唯念大悲咒及觀音聖號。
四、後山紀念堂如禪然堂，四圍大椿凳可趺坐，中間佛龕，遺像供在後面。
五、關房照樣，不可搬動，派人照應香燈茶水，可在內念法華經禮佛。

民國四十八年五月九日，彌勒內院眾弟子開缸，果然見到法師肉身完整，呈玻璃色，五官分明，鬚髮生長，兩雙腿盤坐，宛然如生，成爲台灣成就全身舍利第一人。

默默修成的瀛妙和尚

民國七十二年，佛教界再傳一瀛妙老和尚成就全身舍利事蹟，但與慈航法師所不同的是，妙瀛並沒有讓他人知道其將臨終的事，也完全沒有提到後事如何處理，只是在很自然的情況下打坐而圓寂。

妙瀛和尚生於民國前二十一年，主籍福建省金門縣，幼時家境清寒，七歲即提籃沿街叫賣，貼補家用，其人事親至孝。

和尚自幼失學，完全憑堅毅苦讀自修，及民國十八年方投於台北縣圓覺寺依覺淨法師出家，民國二十七年變賣所有財產，在台北北投買地興建慈善堂，即今之安國寺。和尚生前示相平凡，樂善好施，淡泊名利，隨緣度日，篤尚誠修，數十年如一日，深悟金剛般若波羅密多經。待其打坐而圓寂後，其弟子決定保持原狀而葬，但詢問了許多棺木店，皆無人願意承製。最後問到一家，店主的夫人竟說在三日前即夢到一轎子，四周金光閃閃，裡頭坐著一位金身和尚，於是立即答應免費承製。

入葬十年後，民國七十二年正月，弟子準備開墓拾骨，卻赫見和尚肉身入定，法相完好，體呈琥珀色，眼珠、舌頭俱在，神情宛如生前，故裝金身供奉於安國寺內。妙瀛乃繼慈航、清嚴後，台灣第三位修得全身舍利之高僧。

舍利子常識

Q 舍利子是否含人體基因？

A 沒有。要做為遺傳物質，本身必須要有可複製的能力，目前所知的包括有DNA、RNA、和蛋白質，而舍利在科學家的眼中，只是過度氧化的物質或結晶體，並無基因成分存在。

Q 舍利子也有可能是三昧真火所燒成的嗎？

A 有可能。所謂三昧眞火，是定境中呈現的一股能量，一個人在入滅時呈現的定境程度，的確和生前的修行有直接的關係。

11

誰能燒出舍利子？——舍利與修行

聽到有人燒出舍利，首先讓人聯想到的是，此人的修行一定很好。但是，高僧一定會有舍利嗎？而非佛教徒若燒出舍利子，又做何解釋？

舍利子是腎結石？

關於舍利的產生原因向來處於兩極化，非佛教徒則往往認爲是佛教徒一廂情願的想法，在他們看來，舍利雖在宗教下被蒙上神祕面紗，但在沒有科學舉證下，此神祕的眞面目有兩種，一是眞的很神奇，一是根本爲無稽之談，因而縱使聽聞舍利的種種說詞，但心底仍是半信半疑者居多，更有人戲謔此爲素食主義的佛教徒豆腐吃多了。不過類似的推論其實也是一廂情願，稍有常識的人都不會有這樣離譜的解釋，我曾請教過幾個具有醫學素養的專業人員，他們縱使無法爲舍利子的產生原因提出解釋，但也不認爲和豆腐有直接的關係。其態度多有保留，既不以爲舍利如傳言中般神祕，也不以爲今日的科技便能爲此現象蓋棺定論。

然而舍利既然是宗教下的產物，一般佛教徒對其崇拜有加，至於其產生原因爲何不多追問，因爲宗教與科學不同，講究的是「信」，包括了相信與信仰。一旦要探究其理由，還是可以由經典中找到一些資料的，只不過，若要在資料記錄上的文字再推敲其終極原因時，那便不是簡單的事，舉例來說，《金光明經》捨身品中即說：「舍利者，是戒定慧所熏修，甚難可得，最上福田。」

成就舍利的先師們對修行的見解？

按字面上，《金光明經》似乎已明確指出舍利的產生原因在於「戒定慧」，但對絕大多數的人，包括佛教徒而言，光從「戒定慧」三個字上要理解產生舍利的原因，還眞是不容易。包括我在內，我曾問幾位師父，他們每位都能針對戒定慧做解釋，但內容卻不盡一致。每次我在經書上搜尋解釋戒定慧的文案時，最後總會發現，不論是由法師口中所說，或是論你翻到大藏經的那一篇章，其實都是在講戒定慧，因爲整個佛教所修習的課程，可以說就是戒定慧的縮影。

民國四十六年圓寂後得數千顆舍利子的章嘉大師生前即提出他對持戒的重視，他說：「戒律實在太重要了，試看禪宗六祖惠能大師，人稱古佛再來，以居士身而得衣缽眞傳，後來還是要到廣州法性寺從智光師受戒，才開始其弘宣正法。六祖尚且如此，何況他人哩！」

當初釋迦牟尼佛涅槃前，其弟子也因將失去唯一的導師而驚慌，趕緊請教釋迦牟尼佛，指示以後將可以誰爲師，當時釋迦牟尼佛也沒有指示由誰接其衣缽，只是回答：「以戒爲師。」

《大薩遮尼乾子受記經》中曾說：「欲離諸生死，安隱到涅槃，一切如來說，持戒最第一。」並將持戒的功用加以詳盡說明，經中提到：「菩薩復有十二種持戒，得大利益。」諸戒包括了「心不放逸」、「施眾生無怖畏」，以及「身」、「口」、「意」，而持戒的利益則有「攝一切諸善根」、「入菩薩道」、「解脫一切煩惱」、「遏一切諸惡道」、「得在諸法中隨順自在」、「爲諸佛如來常讚歎」、「能成就彼岸第一波羅密」。

在佛教中，一般分有受五戒及菩薩戒兩種，五戒多爲出家眾所設，爲不殺、不盜、不邪淫、不妄語及不喝酒，但所謂不見殺、不爲己殺、不自殺的「三淨肉」依然可吃。而菩薩戒則必須完全素食，除了上述五戒外，更有二十八條戒須奉行。

民國七十五間往生，荼毗後得一百多顆舍利子的一代名僧廣欽老和尚，專修淨土宗，參禪念佛數十年如一日，其於身口意的戒律乃是眾所推崇的徹底。他在民國五十七年時和蔣中正一段談話中，曾分享了他由戒律修行中所獲得定的境界，他指出：「一切力量都是由『定』中產生出來，但只有在『靜』中才能『定』。」又說：「一個人在安定的地方能夠安定下來，還不算是『定』，要在煩惱的時候，能夠定下來才算是『定』。」

《長阿含經》中，佛陀涅槃前曾經爲弟子說修戒、定、慧的功效：「修戒獲定，得大果報。修定獲智，得大果報。修智心淨，得等解脫。」似乎在歷來往生後燒得舍利的佛教高僧的生前事蹟中都能得到印證。民國四十三年汐止彌勒院坐缸圓寂，而得金剛不壞身之「全身舍利」的慈航法師留有慈航十訓，爲其畢生所奉行之座右，細而念之，亦不離戒定慧。

一、親近明師。
二、依附良伴。
三、精研三藏。
四、嚴持禁戒。
五、常念佛號。
六、勤行禮拜。
七、念眾生苦。
八、發菩薩心。
九、濟物利生。
十、志願成佛。

高僧一定會有舍利子嗎？

像廣欽老和尚這樣實證實修的人，圓寂後燒得舍利子，似乎是大家預料中的，但是話說回來，古來修行有成的高僧，他們也都像廣欽一樣，在荼毗後燒到舍利子嗎？

答案是否定的，並非所有修行有成的高僧都會燒出舍利子，然而，也不能以是否燒得舍利子來判定一個人是否修行有成，因爲，每一位大師所示現的方式不盡相同，舍利只是千萬種中的一個。

一個修行人其實是不會以燒得舍利子來做爲修行的成果，禪宗有一個「丹霞燒佛」的公案很有意思，是說在一個寒冬雪天，丹霞禪師到一個寺院掛單。夜晚，他竟在佛殿裡將木雕的佛像取下來燒火取暖。寺中住持見到，連忙阻止：

11 誰能燒出舍利子？——舍利與修行

「你在做些什麼！」

「燒佛像，看看能不能燒出舍利子。」丹霞若無其事言道。

住持開口大罵：「木製佛像豈能燒出舍利子！」

「既然木製佛像燒不出舍利子，要他何用？再取幾個來燒吧！」

此公案的用意在於破除常人對偶像的迷思。相同的，執著於舍利子也是一種偶像的迷思，這看在非佛教徒眼中反而成了口實，有人看了佛教界大張旗鼓，恭迎舍利，於是懷疑說，佛家平常講心講空，又為何特重物質之舍利子？

事實上，對於一件東西的看重，背後可能潛藏著極大不同的動機，如果是看重舍利子的難得與不可思議性，如此便容易陷入執著於物質的思考模式，便是一種世俗的價值觀，與佛所闡述的道理相違。

在佛教的初期，是一個沒有佛像的時代，並沒有佛雕像或佛畫像供人膜拜，釋迦牟尼佛所傳布的法也是靠口頭相傳的，是以當釋迦牟尼佛入滅後，所留下來的舍利對於他的弟子信眾而言，自是有一番深刻的意義。

舍利如同佛像般只是個象徵，只是個讓芸芸眾生有個具體的認知與依尋，如果只執著於象徵的物體，卻忽略了內在深意，那麼這只是在文字語言上做巧，無法體會到佛教的信仰內涵，無法帶給迷惘眾生感悟到正面意義。

高僧一定會有舍利子嗎？或者說，高僧會想到自己往生後是否留下舍利子嗎？諸如這樣的問題其實是凡人才會想的問題，因爲稱得上是高僧的，必定體悟到《金剛經》所言：「應無所住而生其心。」又怎麼會把心思放在舍利子身上呢！

非佛教徒也能燒出舍利嗎？

舍利（子）乃是佛教文化一個特別的現象，但是也曾有些非佛教徒在往生火化後也燒出舍利子的情況發生，而且，有些甚至是其他的宗教人士，這又是怎麼一回事呢？這些人似乎沒有按佛教教義來修習戒定慧，又如何會有舍利子的產生？

爲此筆者曾問心道法師，他說：「要體驗生命眞理，戒定慧的行持是必經的路程，而這也是宗教對人類生命共通的引導。就像天主教神職人員也有『安貧、貞節、服從』的戒律一樣，經由這樣的歷程，讓我們學習能將生命能量更完整的品管、經營、奉獻，來與眞理結合。」

追求眞理與世間的種種眞相，乃是人類一種共同的潛在行爲，我們的一生中，不斷從經驗中去修正我們的思考模式與行爲，無非就是希望找到一個能讓人生圓滿，諸事順遂的方法。至於宗教，乃是一個提供前人經驗的資訊集中處，宗教中所列出的問題，乃是所有人都會遭遇的共同問題，譬如來自生存、病痛的煩惱，來自老死的煩惱，宗教在這些問題上提供世人一個得以解決的可能途徑。

縱使諸多宗教的教義內涵不盡相同，但也不乏有一些共通之處，如誠實、慈善……等美德，如不偷盜、不邪淫……等禁戒，在大部分的宗教中都是相通的，因而，當非佛教徒在往生火化後能燒出舍利子的情形，就好像是非佛教徒，甚至非任何宗教人士在積德行善一生後，因心了無牽掛，因心澄明光亮，而能往生天堂或佛國淨土的情形是一樣的，並無矛盾之處。

任何分別都只是人在分別，眞理本身不會分別，眞理也不會向特定宗教的人顯示，而在佛教中雖明言舍利乃是經由戒定慧所薰修，但一旦凡人以爲只有佛教徒才修習戒定慧，那即是將眞理做了分別，反而與眞理相違背。以諾貝爾和平獎來說，促進人類和平豈是某個宗教特定的教義？事實上，促進人類和平的行為可能發生在任何人的身上，包括有特定宗教信仰的與無特定宗教信仰者，因此，若舍利子是一個人在追求眞理的過程中的一個現象，那便應該沒有特別的理由，說是一定要佛教中人才能燒出舍利子。只是，佛教是一個特別重視舍利子的團體，這與佛教長久形成的文化有一定關聯，正如佛教經典《大般若涅槃經》後分中所記載，當釋迦牟尼佛的眾弟子面對他即將離開人世而不知所措時，釋迦牟尼佛即超然地告訴他們不要悲傷，因爲他的軀體雖然將死亡，但在遺體荼毗火化後仍會留下舍利，而此舍利正可以解除眾弟子的憂慮。

相信，許多非佛教徒在火化後也燒出舍利子，但由於其親人，乃至教友不重視的緣故，所以就被視爲一般的骨灰處理了吧！

Q 釋迦牟尼佛涅槃時曾經自引三昧真火？

A 有可能。《根本說一切有部毘奈耶雜事》中即有如下敘述：「時壯士及四眾等……各持香木如法焚燒，火不能著……由佛餘威及諸天力，所有香木自然火起。」

Q 傳說最早的一顆佛牙乃被供奉在忉利天上？

A 是的。按《大般若涅槃經》後分中記載，釋迦牟尼佛涅槃荼毗後，住在忉利天的天神帝釋天來到釋迦牟尼佛火化之處，從釋迦牟尼佛右上方的頷口中拿下一顆佛牙，隨即回到忉利天建塔供養。

Q 在中國大陸境內也有佛牙？

A 是的，在中國北京的西山靈光寺也供有一顆佛牙，此佛牙據傳來自南朝法獻法師往西域取經，行至于闐（今新疆省和闐縣）時，得到當時的烏萇國所傳有的佛牙。

12

打造聚寶盆——供養舍利的方法

當我們擁有一部名貴跑車時，保養車子便成爲我們最關切的問題；同樣的，對於一位佛教徒而言，恭敬地供養舍利，也是一件重要的事情。一般以爲供養適當與否，將會影響到舍利子是否得以增生，如果擁有者不精進，舍利子甚至還會自動消失。

供養舍利有一定的方法嗎？

民間對於供奉舍利的方法多有流傳，譬如有人以米及茶葉爲供養，說是可以幫助孳生，也有說是甘露丸、小米或糙米等物，甚至還有持舍利咒（言者自己忘了，筆者四處搜查也無所獲）。《大唐西域記中》曾記載僧伽羅國（今斯里蘭卡）有國寶佛牙舍利，國王乃每日三次「用香水香末，濯洗、焚熏，備極恭敬供養之至」。然而佛教經典對於供養舍利一事該注意的細節並無多記述。

因而，很難斷言供養舍利子眞有所謂的最佳方式，不過如果讀者擁有舍利子，我們倒是可以由許多前輩的做法中，歸納出一些方法以爲參考。

作家謝冰瑩女士第一回由法師處得到幾顆舍利子時，便到銀飾店中訂製了一個一寸半高的三層小寶塔，在塔中放一塊紅色的小絨布，再把舍利子置在絨布上。

靈鷲山心道法師在民國七十四年造訪尼泊爾時，當地僧眾中的一位喇嘛曾贈予他一些舍利子結緣，心道法師將之置於舍利塔中，塔中放一些藏紅花（不是紅色的花，而是一種中藥材），安放在佛案上以為供養。謝冰瑩與心道法師皆親身說明其所供養的舍利子有增生現象，繼而再分予其他信徒供養，並於不久後又再傳出增生的現象。

民國四十六年章嘉大師圓寂茶毗後得各色舍利子數千顆，許多信徒信眾欲迎請回家供養，當時負責的圓寂典禮委員會乃特別為供奉舍利列出幾項規定：

一、供奉舍利必須用金屬藏塔或檀香象牙玻璃等塔。

二、舍利應用紅花等適當物品保養之。

三、舍利應供奉於佛堂或其他清淨地點。

在現代最近的一個例子，乃民國八十七年佛光山從泰國請回的佛牙舍利，爲了避免遺失，其保管自是嚴密，若要打開佛牙塔，需要三十二把鑰匙才能開啓。

民國九十年三月間在台北世貿中心的紐約紐約大樓有一別開生面的舍利展，乃梭巴仁波切將收藏的多位高僧舍利展出，在展區中，可以看到許多舍利子分別被裝在特別打造的精緻舍利塔中，而多數舍利子多在裝置的容器內鋪上紅花，而在供桌上則擺上了密宗的八供——「水水花香燈塗果樂」，即兩杯水、鮮花、香（現場置檀香油）、燈（蠟像）、果（水果）以及音樂（現場以貝螺代之）。

古時候的人怎麼供養舍利子？

此外，從中國大陸幾處發現舍利的遺址中，我們也可窺見前人對於舍利莫不小心翼翼地供養。

北京靈光寺招仙塔被發現佛牙舍利置放在一沉木盒中，該木盒置於一石函中，其後大陸佛教界重新建造了一座高五十一公尺的八角十三層舍利塔重新供奉之。

一九六四年在河北定縣城內被發現的北魏時建的舍利塔中，其中的舍利分別安置在琉璃及銅製的容器中，伴隨舍利而被發現的尚有金銀、銅、玉、瑪瑙、水晶、珍珠等所謂的「七寶」，此外還有貝、珊瑚、貨幣等當時價值高的物件。

甘肅涇縣大雲寺塔基出土的舍利寶函，最外者由青石鑿製，其內四只分別爲金銅製函、銀槨、金棺及琉璃瓶。

名噪一時的陝西法門寺所發現的佛指骨舍利，則被藏在八重寶函中，第一重寶函以檀香木雕成，第二層爲鎏金寶函，四面刻飾有四大天王像，第三重爲銀製，第四重爲鎏金銀製，第五重爲純金製，四面有觀音造像，第六重爲金匣飾有珍珠、第七重爲石函，最裡面的第八重是一座純金鑄成的小塔。而伴隨佛指舍利的供奉物品更是不勝枚舉，包括唐朝王室的各式寶物，有金銀玉器，祕色瓷、琉璃器、錢幣，絲綢錦緞……等不一而足。

以上諸多對供奉舍利的方法似乎同中有異，不過，讀者也不難體會到一個共同點，即是「恭敬心」。舍利即是佛寶，擁有者莫不盡心供養，如同《大般若涅槃經》後分中所言：「一切皆得深心供養。」

供養舍利的意義在於對佛的恭敬與尊崇，一心想要使其增大或希望增生，反而落入貪境，捨本逐末，盡自己所能的去做，以金銀財寶供養也好，以鮮花素果供養也罷，最重要的還是那份心意和動機。

舍利子常識

Q 現今世上不只佛光山一只佛牙舍利？

A 是的，《大般若涅槃經》記載：釋迦牟尼佛荼毗後留有四顆未被火燒盡的佛牙：「爾時世尊大悲力故。碎金剛體成末舍利。唯留四牙不可沮壞……」

13
眞金不怕火煉——舍利子的成因

火化的方式是否與舍利子的形成有關？修行人有許多生活習慣與常人不同，這些條件是否影響到火化後的結果？另外，定境的呈現是否眞能引發三昧眞火？

舍利子的形成與火葬的方式有直接關係嗎？

在古印度的習慣說法中，凡人往生遺體火化後的遺骨都統稱為「舍利」，直到釋迦牟尼佛對傳統印度教婆羅門的諸多教理產生懷疑，進而革新獨創而為後代人稱為佛教之後，舍利的定義也隨之改變，不如之前那般平常，而是修行有成之人在圓寂入滅，火化後形成「堅固」之舍利子，因此也稱之為「堅固子」。

依一般的情況來說，人體凡肌肉、毛髮、血水、皮膚、指甲……等在火苗的燃燒下將急速氧化分解，剩下一時無法完全氧化者則化為灰燼，至於如頭顱、關節或大腿骨，因質地密度較高，得在燃燒後依然保原狀。這是一般火化時產生的物理現象。

舍利子是人體精髓的結晶？

然而又稱堅固子的舍利子，似乎超出了以上所言的兩種自然燃燒氧化的情形，而具備了「結晶」的特色。一般人最有印象的結晶物體是礦石的結晶，大部分寶石都是結晶下的產物，就和一般家庭常用的食鹽、蔗糖一樣，也就是說，若舍利子是一種結晶物，那麼它也就和其本身予人「堅硬」印象的特性無關，而是某種物質被純化的結果。

在物理學中結晶是一門專業的學問，涉及物質之晶體結構及其原子排列。但用比較簡易而概括的說法，凡與溶劑分離，成為單成分的純物質，或去除雜質而純化某些物質的結果，即是結晶。因而舍利子予人的印象除了是堅固的結晶體外，又含有某種物質純化的結果。

在中國流傳的說法中，如人久離淫慾，而使精髓充滿，在火化後便會結晶而爲堅固的舍利子，這般情形自然以戒色離欲的出家和尚最具條件，不過，這種說法似乎又無法做爲形成舍利子的唯一原因，因爲，在有些例子中，非出家的和尚，或是在家修行、已婚的居士也會有燒出舍利子的情況。

有人以爲是素食的佛教徒以大量豆類製成的豆腐製品爲食，因而長久下來，便在體內骨骼中累積大量的石灰，所以火化後的舍利子即是石灰的結晶。此說完全是一廂情願的說法，一來也有非素食的在家居士往生火化後燒得舍利子，二來石灰除非有特殊的環境，在一般爲往生者火化的條件下，仍不易產生結晶。

又有人認爲是體內的結石，曾有一位醫生在目睹舍利子後，論斷是人體的結石，其結果當然引起佛教界一陣騷動，許多教徒紛紛出面加以抨擊。而這位醫生也百口莫辯，原因不在眾口鑠金，而是他本身也是憑目測，憑自己的醫學常識，再加上對佛教完全不了解而妄下評斷，當然站不住腳。

而這種推論事實上既不科學，也不合乎邏輯。一般情況下，一個人在生時，若檢查有一兩顆結石，就能使人痛不欲生，而佛教高僧燒出的舍利子，少則數十粒，多則數百顆，也有上千的紀錄，譬如廣欽燒得一百多顆舍利子，而四十年代的章嘉活佛在台灣往生荼毗後，燒出數千多顆大小不等各式各樣的舍利子，這些會是結石嗎？問問曾因輸尿管結石住院的人便知，只要米粒般大小的結石，就足以使他痛不欲生，試想一個人身上若有百千粒結石，那還了得。何況廣欽老和尚與章嘉大師生前都沒有結石的醫療記錄，最後往生也是其他病因。

唐朝的《法苑珠林》卷四十中曾爲舍利的顏色不同而做分別，一是骨舍利，其色爲白或珍珠白；二是髮舍利，顏色爲黑色；三是肉舍利，其色爲赤紅色。言下之意，似乎說明了舍利乃是人骨、毛髮、血肉的結晶。

若以科學角度加以審視，由人骨、毛髮、血肉而結晶爲舍利子，此推論將大有問題。

凡人將頭髮取下，以打火機燒，頭髮將立即氧化消失，事實上並未消失，而是毛髮中的水分被蒸發了，而纖維的部分則化爲灰燼。血肉在大火高溫燃燒下的情況也大致如此。

骨骼則常在水分被蒸發後，留下鈣化的骨質，但若燃燒的溫度足夠，一樣化爲灰燼。

古今火化的方式是否影響舍利子的形成？

也許因爲燃燒的方式與溫度的不同，會影響舍利子的形成與否。

先來看看古今火化方式的不同。

往昔火化都是以木材爲主要燃料，在開放的空間中燃燒，此種下部以木材爲火場平台，上置遺體的火化方式，燃燒溫度大約在五百到八百度間，當初釋迦牟尼佛荼毗火化大概就是如此。此種以天然材料，在開放空間火化的方式一直沿用了數千年，直到近代工業革命，科技發達，方有以柴油、煤、瓦斯……等燃料，並於一特製的密閉空間，以高壓提高火化溫度的火化方式形成，即現今火葬場中的一般設備。

當今的火葬場，其火化設備往往利用了現代高科技技術而成，一只火爐動輒以數百萬台幣計，其構造中有加壓幫浦，噴火孔，以及高能燃料，如高級柴油、瓦斯……等，並以耐火磚設計爲密閉空間，在如此空間下，則能使火化過程提高至超過一千度之高溫。此類火化設計莫非在提升效率，一可縮短火化的時間，從自然的燃燒需十幾個小時縮短至幾十分鐘，二可火化得更加徹底。一般而言，待火化結束後，通常只有頭蓋骨、大腿骨會保留完整可辨識的形狀，其他則一概化爲骨灰。

此古今兩種火化的方式縱有種種不同，但最根本的不同仍在於溫度的差異，只不過，燒出舍利子之事古今皆有所見，溫度似乎又不是關鍵所在。在台北縣五股鄉關渡的寶纈禪寺中，彼寺往昔一位住持泰安法師圓寂後得各色舍利子計七餘顆，現仍供奉在大雄寶殿右側，藏經閣旁的舍利院中供人瞻仰，據該院眞瑟師父說，七十三年泰安法師往生時，其遺體乃在一般的公立火葬場火化。

舍利子是三昧真火所燒成？

火化的形式與溫度既然不是關鍵所在，那有否可能是在燃燒的過程中，有另一股無形的能量加入所致？

當初一代高僧廣欽火化後燒得舍利子百餘顆，據承天禪寺法師表示，這與火化的溫度無關，而是老和尚在燃燒時以自身的修持，引發三昧火所致。

什麼是三昧火？

對於非佛教中人而言，一聽到這名詞一定是滿頭霧水。然而此說並非不無可能，因爲在佛教中，所謂的「三昧」即是定的意思，佛學辭典中解釋「三昧」又名三摩提，或三摩地，爲正定，即離諸邪亂，攝心不散的意思。如此說來，亦不離經典中：「舍利者，是戒定慧所熏修，甚難可得，最上福田」的說法。

但是若要以科學的方式解釋三昧火，恐怕不是今日科學所能及，亦非筆者所能揣度。不過，在念佛禪定中圓寂的現代高僧廣欽老和尚在世時，卻曾經幾次解釋了他所認知的三昧。

有一回弟子問廣欽修習禪定的方法，他說：「能於念佛中一心不亂，確實能得所謂的念佛三昧。能達念佛三昧，則西方淨土即在空中顯現。念佛於念念無念中，其神識或阿賴耶識即頓時直趨虛空，可見西方淨土。」

有回有位美國人問廣欽老和尚有關念佛證三昧，打坐入定的問題，廣欽不諱言地說出他的切身經驗：「不論大眾多少人一起念佛，自己都有個主，念到一心不亂，心定時，頓一下，大眾念佛聲會頓倒地下，雖然我們都沒有在地下念，但地下仍是一片佛聲，念到聲音都整齊時，再頓一下，則所有聲音飄盪在半空中，好像大家都在虛空中念佛似的。所謂遍虛空都是念佛聲，這就是念佛三昧的情形。」

廣欽老和尚的禪定功夫之深眾所皆知，往生時也在禪定中，而在所謂的禪定三昧中會激發出凡人所不解的能量，是有其可能，他即曾說：「在靜中或在念佛時，能不住於相，不生愛恨取捨，不念成敗利益，不生善不生惡，一切歸於寧靜的空寂中，則可顯身光。」其中「顯身光」不就是對一種能量的敘述?!

佛經中也多處提及佛陀荼毗時乃是自發能量，從自性中引出三昧火，而使肉身火化。

釋迦牟尼佛也自引三昧真火？

《根本說一切有部毘奈耶雜事》中即有如下的敘述：「時壯士及四眾等……各持香木如法焚燒，火不能著……由佛餘威及諸天力，所有香木自然火起。」《長阿含經》遊行經中亦有記載佛滅度後，「時彼積不燒自燃」，得佛舍利數斛。

我們雖無法以科學角度解釋三昧火，卻能以科學的角度來詮釋舍利子的形成原因也許是一種能量轉移的現象，也即是，結晶的主要原因不是某種能見的物質，而是無形的能量。

對於舍利子是否是在修行中產生不可思議的能量或變化所致？心道法師曾有如此的看法：「『舍利子』就是佛陀或修行者們在生命過程中，因爲生平精神能量的安穩、免於耗損而自然保持集中、甚至昇華超越（即所謂「戒定慧」）而能轉化既有質能的限制。所以舍利子可以說，就是去除貪嗔癡、身心清淨以後，生命智慧所提煉的精華。」

「像我們一般人的身體結構，如果常常煩惱、業障比較重的話，整個骨頭跟身體內分泌，就是鬆鬆脆脆的；佛陀因爲智慧和正念的心境，造成與眾不同的體質，所以火化的時候，沒辦法燒掉其色身的精華。」

舍利子的形成是質量互換的現象？

國立成功大學醫學院神經科賴明亮教授在第五屆「佛學與科學研討會論文集」中乃以其人在科學方面的專業素養，爲舍利子的形成原因，做了一個具科學性的大膽假設，賴教授提道：「愛因斯坦在相對論中提及，質量和能量是可以互變的。公式是 $e = mc^2$，c是光速，一秒鐘可以繞地球七週半。因此可知即使少量的物質，如果轉化爲能量，將可以得到巨大的能量，如原子彈、核能發電等都是這樣的結果。反之，如果有很大的能量，透過合適的轉換條件，應該也可以變成物質，舍利子無疑可以當作如此的例證之一。」

賴教授還生動地以科幻電影中的情節舉出一個質能互換的例子，他舉出電影「星際爭霸戰」中，當太空船要把組員送到附近星球上時，即是把人這個個體化爲能場，再於目的地的星球上凝聚而成。言下之意，舍利子（物質）很可能是一種能量（戒定慧）轉換的結果。

舍利子的形成與人體氣脈是否有關？

舍利子的眞正形成原因至今仍舊是一個謎，人們只能從各種可能性加以揣測，但如以經典中所言，舍利，乃戒定慧所薰成，言下之意，與「修行」有絕對的關係。而眾所周知，打坐入定一向是佛門各派所共同修習的功課，雖然顯密各有不同的名稱，但在修行的過程中，除了在心識上的練習外，全身的氣息調整也是一大重點，即調「心」又調「氣」，而此「氣」乃包括了氣息、習氣。通常，在調心之前必須要先在調氣上下一番功夫。

古老的佛教中人多有修習瑜伽，其中對人體的諸多明點甚爲講究，如中脈的暢通與否，甚至顯現了此人的修習境界，強調內外道共通的現象，而這一部分乃沿襲自古印度教。

在古代，中國也有類似說明練氣調息修行至超凡境界的例子，譬如打通任督二脈，行小周天、大周天等，如此而達到身心舒暢，乃至天人合一。

顯宗佛教雖認爲色形是五蘊假合的幻相，不特別重視所謂的調息，但類似禪坐入定的過程中，也不難發現在一個人的身體上，的確產生了極大的變化。諸如呼息脈搏，乃至內分泌等現象，皆一再經由科學儀器的實驗證明其變化，縱使顯宗一再強調「心」才是修行的根本，此乃惟恐凡塵中人本末倒置，對身體現象產生執著，但是究竟來說，對於氣脈的修習是既不肯定也不否定。

然而，以佛教的因果論而言，一個人氣脈的暢通與否，似乎與業力有莫大的互動關係。有一種說法是，人體氣脈乃是業力的儲藏所，一個人的氣脈不暢通，或氣脈中的氣不清或阻塞不暢，都是來自業障的結果。

氣脈不清有許多的原因，所以佛教講求以「戒」爲師，以求斷除業障。以戒殺生來說，殺生看似一種行爲，然根本源自於心，因而絕大多數的出家人都吃素，以明其戒，顯其慈悲。現代醫學也證明了吃素的確能減少許多疾病的發生，因當動物被宰殺時，由於恐慌、害怕、憤怒，以至許多毒素分泌物遍布在肉身中，凡人若吃下了這些肉，對於身體的健康或是心靈的純淨、穩定性自然呈現負面的影響。

不過佛家有云：「吃素在吃心」，食肉雖對身體不見得有幫助，但吃肉與否也不能斷定一個人是否心靈澄明。在佛家中，氣脈暢通代表的是心的圓滿狀態，不僅只是說明身體的氣脈暢通。

舍利形成和素食是否有關？

從以往的例子中，吃素並非是形成舍利子的一個必要的原因，這種情形涉及佛教的「心」要說，吃素其實只是一種行爲，並不代表吃素的人即心靈澄明、食肉之人則心識不淨。

至今許多國家的佛教徒皆不吃素，而在中國幾乎大部分佛教徒都吃素，其原因乃來自歷史上曾經有個皇帝三次捨身入寺出家，最後使中國僧人一律恪遵素食信條，此人即南朝梁武帝蕭衍。

素食的爭論，主要來自佛經中有容許三淨肉的不了義教與斷肉食的了義教。在梁武帝之前，皆任由僧人自由心證，但梁武帝深諳佛理，取大乘佛法慈悲教義的重點，不但下了一道「斷殺絕宗廟犧牲」詔，禁止宗廟用肉食祭祀，也不准太醫以「生類合藥」這項措施，在以王法爲後盾的強制執行下，中國的僧侶自此便有完全素食的戒律沿革。

雖然素食與否，並不能做爲是否在火化後得舍利子的原因，但是我們或可這樣想，佛家講慈悲喜捨，代表著一個愉快的心情，清明的意識，而這些生理心理狀態，若非氣脈暢通似乎也不可能，而素食雖是一個方便的原因，卻也不是絕對的要素，重點仍在心的修持。

一說高僧大德荼毗後所以燒出舍利子，乃是源自自身三昧火的結果，而三昧火便是一種高度身心穩定的狀態，其養成也不是一朝一夕即可，而是長久的修行，修戒，修定，修慧的自然呈現，所謂的水到渠成。

也許有人質疑，一個人若氣脈眞的暢通，那應如中國道家修士所言，能夠長生不老，但是凡燒出舍利子的高僧大德們既沒有特別長壽，命終時也多有諸病纏身，而有病即是代表業障，又何以能燒出舍利子？

爲此，筆者的淺見是，以「定」境而言，佛家即分有多層境界，最高境界已超越了身，也超越了心，達到一種「無我」的境界，因而有人在醫師拔牙開刀時能不打麻醉藥；有人在身患惡疾而往生時仍能心平氣和，凡此種種，都是一種定境的呈現，而在此種境界中，對於往昔所累的惡業若能超然的接受，其實也是一種定境的表現。相由心生，此時善惡、高低等世俗的判斷，對他們而言，已然不著於心，無法作用了。

筆者認爲，也許佛家不若中國的道家，乃至印度教的婆羅門祭師般，直接了當地擺明著下功夫去修習人身的氣脈，但也不否定氣脈的暢通，也是修行有爲者一個自然的表現。

有一回一位弟子偕同一位醫生前去請教廣欽老和尚，「如何打坐才能打通氣脈？」老和尚回答說：「不必打氣脈，一心念佛證念佛三昧，所有的氣脈自然全部打通。」已然證得念佛三昧的廣欽老和尚甚至清楚地告知其弟子，他的修行境界已是「買好車票」，且是「對號入座的！」由這般話中可知，一個人修習到了念佛三昧的境界，他的氣脈應該也就「打通了」，而且打通的不只是氣脈，還包括了心脈。

舍利子常識

Q 釋迦牟尼佛遺體荼毗所的舍利被分為八份？

A 是的，原本釋迦牟尼佛家鄉拘尸那城的末羅人想要完整保留，但是周邊七國皆起兵前來也要一份，戰火一觸即發，最後以平分化解危機。

Q 八分佛陀舍利之說曾被考古學家證明？

A 是的，曾有法國考古學家在尼泊爾南部境內進行挖掘，在PIPRAVA 地區發現了佛陀遺骨聖龕，後經學者考證，估計離釋迦牟尼佛涅槃時間不久，許多學者以此印證佛典中「八國八分舍利」之說。

Q 是否只有中國人偏愛舍利子？

A 是的，東南亞許多佛教國家，如緬甸、泰國，並未像中國或台灣民眾一樣只著重舍利子，而是以舍利（遺骨）爲重心。

Q 佛陀舍利子曾一顆賣至四百萬台幣？

A 是的，一九九〇年慈濟證嚴法師籌建花蓮慈濟醫學院時，加拿大馮馮居士慨捨十顆佛陀舍利子交予慈濟義賣，最後由諸多大德認捐，每顆捐得四百萬，共得四千萬台幣。

14

DNA 大解碼——科學與舍利

凡愈是神奇的東西，便不免要經過一番「理智」的判斷，以免有杯弓蛇影的現象產生。可是有些東西科學家怎麼也測不出來，譬如靈魂現象。可是相信的人，似乎有增無減……

將舍利子拿去分析是否可行？

這倒是個直接的方法，如果科學的成份分析結果，眞的可以爲舍利子的種種現象，包括再生、增大、能量的轉移……等做成解釋，那倒不失爲一個簡捷的方式，但是今日的科學有此能力嗎？筆者書寫至此，一度也想將手上的一顆舍利子拿去做檢驗，但看了印順導師的一席話後，便打消此念頭，因爲他說就算是將舍利子拿去給科學家研究，其結果仍是一些物質元素，並無靈奇成分。「然舍利子並不因此失去光輝，如人類一樣，不論那一位，活生生的送到科學家實驗室，經過一番正確的分析化驗，報告都是：並無良善，也沒有罪惡；沒有忠貞，也沒有所謂邪逆。只是多少水分，多少鐵質……然而人類眞的沒有善惡，沒有忠邪之分嗎？」印順導師強調：「人的身體或遺體，乃至舍利，唯有自己，才有權交給醫院或化驗室去解剖化驗。」

因而最終我還是放棄將手中的舍利子拿去化驗的想法，不過卻也試著請問幾位醫學教授，是否對舍利子有特別的看法？答案似乎正如印順導師所言，無多靈奇成分，有位骨科教授還爲找答案而翻尋可能的資料，但仍一無所獲。而今若欲將舍利子拿去化驗分析，只能期待來者某高僧大德在圓寂往生前，能事先點頭准許後人如此去做了。

舍利子到底有多堅硬？

由舍利子的堅硬度，是否也能做出某種程度的分別？

三國時代的吳國主帥孫權原不信佛，後來看到康僧會大師終日禮佛、坐禪、弘法，心生疑惑，便告訴康僧會，如果你可以因誠心念佛而得到所謂「堅固不壞」的舍利子，他便造塔供養。後來康僧會召集眾徒齋戒沐浴，終日一心念佛，終於感應而得舍利。孫權一開始也不相信，便叫人拿銅鎚來個重擊實驗，最後鎚子反而凹陷進去（在那時代應是銅鎚，硬度不如今日之鐵鎚或鋼鎚），「砧搥俱陷，舍利無損」，這才使孫權心服心服，履行承諾。此事蹟在《三寶感通錄》、《法苑珠林》、《廣弘明集》、《日本書紀》都有類似的記載。

魏書釋老志中曾說：「舍利圓明皎潔，堅硬異常；擊之不壞，焚之不焦。」

而唐法苑珠林中卻強調說：「若是佛舍利，椎打不破；若是弟子舍利，椎擊便破矣！」

到底舍利的堅硬度，與所謂的修行境界高低是否有關？

當我提出此疑問時，曾有人反應很快，說要知道答案豈不容易，將一顆佛陀舍利子與一顆非佛陀舍利子，兩者測試一下硬度便眞相大白。

話雖如此，但佛陀舍利子由何處來，哪一位擁有者願意將此稀世珍物拿出來做實驗？又有誰願意承擔爲了測試舍利的硬度，施以重擊、鑽孔、鑿痕……等，而可能招致「不敬」的果報？而且所謂的科學實驗至少要經過多次在不同測驗條件下產生結果，最後才能做出「推測」的結論，並不見得眞的適合套用在舍利子身上。

為什麼有些舍利子的硬度及顏色不同？

不過心道法師倒是爲筆者做了某種程度的解釋，他說：「像我們一般人的身體結構，如果心常常煩惱、業障比較重的話，整個骨頭跟身體內分泌，就會鬆鬆脆脆的；佛陀因爲智慧和正念的心境，造成與眾不同的體質，所以火化的時候，沒辦法燒掉他色身的精華，就像佛舍利如玉一樣的剔透玲瓏、堅固無比。我們一般人的心，如果寧靜不亂、正念具足的話，燒的時候也會有，只是堅硬度沒有那麼高，也沒有那麼圓滿。舍利子不是有修行的人才有。」

其實，既然舍利是一種物質的呈現，在質與量，乃至能量上，一定有物理上的差異。如此也使得某些傳說，譬如雞、狗都能燒出舍利子之類，能有一個比較合理的解釋。

心道法師解釋：「心越清淨、悟性愈高的人，燒出來的舍利子明度越高、色彩較亮。曾經有人坐過牢也有舍利子，但它是黑黑的，好像黑斑、牙垢那樣，有差別。所以說還沒開悟，舍利子就不太一樣，佛舍利就白晶晶、非常透明。」

據《大般涅槃經》後分中所載，世尊荼毗之時，「以大悲力之故，碎金剛體爲細末舍利……」在論及舍利是否爲一種結晶現象產物一文中，我們曾提過舍利的形成與人身展現的能量可能有關，如此來解釋因修行境界的高低，而有堅硬程度不同的舍利產生，也不離譜。

現今後人也常用「金剛不壞之身」來形容一個修行人已證得如佛陀般的無上境界，如六祖慧能及慈航法師圓寂後，入土多年而能全身不壞，人稱「全身舍利」就是最佳的證明。也因此有人認爲，所有舍利子中，以佛陀的舍利子最爲堅硬，以昭顯其如佛法般「永恆」的特質，故又稱佛陀舍利爲「金剛舍利」。

但是有一點需要在此說明的是，就筆者訪談的醫生及火葬場的工作人員皆表示，火化後類似結晶物的產生，關於宗教上的原因他們自是難以了解，但就他們的實際經驗，以及專業素養來看，一個人的體質，以及他在生前因何病症而死，或在死前所服用的藥物，都肯定是影響火化結果的變數。只不過這些變數的變化太細微，一來不容易分辨，二來也沒必要需以實驗去證明其中的變數多少，因爲這類實驗所耗的成本不貲，對活人也無實質的助益。

和舍利子有關的笑話？

在英國有一宗令人啼笑皆非的舍利子烏龍事件。十九世紀末，歐洲帝國主義紛紛進入南亞大陸，其中不乏一些專門搜集古董的商人。曾有一位名叫約翰的洋人心想得到佛陀舍利，後來他得到了釋迦牟尼佛大弟子，號稱「智慧第一」的目犍連的靈骨。幾經波折，此靈骨抵達了英國本土，這位約翰也準備好好的賺一筆，他特別公開舉行拍賣佛骨舍利。經過一番激烈的角逐，最後以兩百八十萬英鎊的天價成交。

而這位買主也想出了一個好主意來設法回收他的高額投資，他與大英博物館合作，在館中公開展示舍利子，並收取高價的門票。許多人慕名而來一睹傳奇的舍利，一位貴婦人還以五千英鎊的代價，要求親吻靈骨一次。

一天，大英博物館突然發生火災，一位消防人員將靈骨及時搶救出來，不過他並不知道這是珍貴的舍利，而以爲只是一件古生物的標本，便將之送到醫院化驗，結果經醫師們檢驗之後，發現此靈骨乃屬於古印度的一種猿猴的遺骨，大英博物館因此蒙上了奇恥大辱。

怎麼分辨舍利子的真假？

西藏密宗大師梭巴仁波切擁有許多珍貴的高僧舍利，其中包括佛陀及阿底峽尊者的舍利，仁波切並多次將這些舍利在他於世界各地弘法時，公開展示給信徒們瞻仰。有一次在新加坡展覽時，一位信徒即問梭巴仁波切，有沒有辦法「辨別」舍利子的眞假？

當時梭巴仁波切回答說：「可靠的來源」即是他的判斷方法，能加以證明他所擁有的舍利子是「眞的」。譬如說迦葉佛的舍利原供在宗喀巴大師的弟子手中，當共產黨侵入西藏時，在混亂中流入了一個西藏家庭中，後來再由一位師父以高價購得，這位師父再轉交給他。

然而，並不是每一個舍利子都有清楚的身世。事實上，以佛陀舍利來說，歷經了二千多年的歷史，其中不乏數度顛沛流離的例子，清楚一點的則記錄了數次變化的過程，但大部分都是至少一段時間下落不明，最後再被發現的過程中，多是在沒有明確記錄，只是依邏輯推斷便被認定是佛陀的眞身舍利。

然而，舍利身分的難以確定，便成了有心人大做文章，加以利用的弱點，他們大可直說他手上擁有的即是佛陀舍利，相信一般人也無法明確指出錯誤。的確，有許多團體宣稱擁有佛陀舍利，但若加以追問其來源，便開始支吾其詞了。「信」原本是宗教立足的根本，一般信徒們也因此而「不便啓口」，但爲有心人士所利用也並非不可能，終究「人能弘道，非道弘人」。

諸如民國八十七年間佛光山恭迎佛牙舍利一事，便在台灣掀起一陣不小的風波，當時主張不應大張旗鼓，提倡宗教迷信的人，即抓住了一個令佛光山難以招架的攻勢，他們指出，佛光山所大力迎取的乃是「假牙」，原因很簡單，因爲這只佛牙的眞正身分，並無詳細的記錄。關於佛牙舍利的情形，筆者先前已做了詳細的分析，但是由於佛光山這只佛牙的確有一段很長的空白期，因而也很難斷定是屬於記載中的那一只佛牙舍利。

不過在此仍要強調一點，佛教終究是提倡無有「分別心」的。心道法師曾說過一個藏密中「狗牙生舍利」的故事，老婆婆因爲對三寶清淨堅信的緣故，對兒子所帶回的狗牙至誠供奉、頂禮，最後狗牙也能生出舍利。

另有個老婆婆一生持咒六字大明咒，但她卻念成「唵嘛呢貝美牛」，但因爲信心的關係，一直也念的很相應，清淨安定，甚至滿屋放光。後來有人告訴她所持誦的「六字大明咒」最後一個字，她一直都念錯了，應該是念「吽」而不是「牛」，老婦人頓時頹喪失去信心，以至於當那人走到村外回頭，發現老婆婆原本因淨信持咒所生的滿室光明銳滅，甚至變成一片漆黑，這時那人才趕忙回去道歉，並告訴她是他自己講錯了，而不是她原先念錯。

心道法師直指重點而言：「這世間所謂的眞假，原本就是我們心的分別取捨才有的。」以此來解釋當年佛光山佛牙舍利遭各界質疑時星雲法師所說的話：「你相信佛牙，那它就是眞的，就能夠保佑你；如果你不相信，那它就不見得能保佑你。」兩者是同樣的道理。

不過以現代的科技成就，若要爲舍利子做記錄，應該也不是一件困難的事，相信在未來，在多種記錄的舉證，以及媒體的記錄下，如照片、影片及新聞報導等，類似以往對於舍利子身份眾說紛紜的現象，當會愈來愈少。

大英博物館的烏龍事件雖駭人聽聞，佛光山眞假佛牙之爭也使一些人飽受指責，但它們卻也給供奉舍利的人一些啓示，即身分的辨識在某些時候仍有其重要，而以現今的科學技術依舊是有辦法爲舍利做一些基本上的辨認，最基本的是照像存證，再者以舍利（遺骨）而言，可以做到分析爲何種動物，何種人種，也能以在考古學上檢驗年代的諸多方法，來找出遺骨的大致生成時間。

佛陀舍利子含有佛陀基因嗎？

以現今基因科學的突破性成就，有人甚至以爲舍利可能帶有當事者的基因，也就是說，從舍利上若能得到當事者的基因，就能複製一個分身出來，或者，以佛陀基因爲範本，可以改造眾生的悟，這樣眾生便能很快成佛，所以佛陀舍利是佛陀刻意留給眾生的。

乍聽之下，此一基因之說頗令人振奮，然而可能嗎？舍利果眞具備基因的條件？

爲此，筆者曾請教過專業人員，答案卻是否定的。

要做爲遺傳物質，本身必須要有複製的能力，目前所知的包括有DNA、RNA和蛋白質。人類是以DNA做爲複製生命體的單位，大多數生命都是但是如此少數病毒是以RNA爲複製單位。而舍利在科學家的眼中，存在的只是過度氧化的物質，或結晶體。

不過也不必太過絕望，今天的不可能，並不宣告明天也不可能發展。也許，舍利在未來被發現出今日難以想像的成分，就如同今日科學界無法爲靈魂下註解一般。

舍利子常識

Q 佛陀舍利會在不同人眼裡呈現不同顏色？

A 是的，加拿大馮馮居士曾擁有十顆佛陀舍利，他說不同的人所看到的佛舍利顏色和大小都不盡相同，至於原因，他覺得這是各人佛緣深淺不同所致。

Q 供養舍利子可得功德？

A 是的。按《大智度論》中言：「供養芥子許舍利，功德無量無邊，乃至得佛功德不盡。」

Q 將舍利子拿去做科學分析就能解答它的神奇之處？

A 不能，因為今日科學仍然停留在物質階段，並不能靠檢驗而分辨其人善惡，所以對於舍利子的許多特質亦無法檢驗。

15
完結篇——舍利的眞諦

在一個講求心性修持的佛教文化中，舍利（子）這般物質化的東西是否該被強調、宣揚、乃至崇拜？從幾位大師的口中，或者可以得到一些解釋。

佛教大師對舍利的見解？

一般人對舍利所抱持的態度看法，不外是對於某人特殊的表現感到新奇、詫異、或尊敬的心情，尤其是對佛教不甚了解之人，更覺得它十分神祕，甚至「不平凡」。然而筆者在閱讀以及採訪一些高僧大德對於舍利的看法時，卻發現大師們全都對之抱著一股平常心。

在《大般若涅槃經》後分中，當釋迦牟尼佛的眾弟子面對他即將離開人世而不知所措時，釋迦牟尼佛即告訴他們不要悲傷，因爲他的軀體雖然即將死亡，但在遺體荼毗火化後仍會留下舍利。「……爾時天人一切大眾。悲哀流淚不能自裁。爾時世尊普告四眾。佛陀涅槃。汝等天人莫大愁惱。何以故。佛雖涅槃而有舍利常存供養。」

釋迦牟尼佛為何這樣說呢？他的弟子擔心的是往後沒有導師說法無所依歸，難道舍利自己會說話嗎？答案可以是，也可以不是。佛陀當時即說明原因「何以故。供養舍利即是佛寶。見佛即見法身。見法身即見賢聖。見賢聖故即見四諦。見四諦故即見涅槃……供養舍利得大功德。能令眾生脫三界苦入正解脫。」言下之意，追隨佛陀，與誠敬供養舍利，都能有解脫的功能。如此說來，追求正果解脫的佛弟子，其所擔心無以追尋的疑惑自是化為烏有。

心道法師亦曾表示：「佛陀涅槃後，為讓後世業障重、無明深的眾生能起信，所以留下舍利子，表示佛住世，萬法能空、能顯的意思。就像近代科學越尖端，就越謙虛的發現，其實我們人類所知的實在很有限，離不開現有固定條件、或者相對的觀念；就像近代宇宙天文研究和生物科學研究中，都一再地印證虛空中存在無量無盡的銀河系和生物物質量子粒子的極微世界，這也就是《華嚴經》所說宇宙世界重重無盡的眞相。《華嚴經》告訴我們，整個宇宙就是這個心的現量，覺的心識和迷惑的心識全體共存的表現，心意識互相支撐、互相交織呈現的一種存在的完整。」

所以，「舍利子就是提醒我們，可以效法佛陀或修行者們以戒定慧的生活修持，轉化既有的質能業力的限制，成為生命中覺醒、慈悲的願力基因，來成就能覺醒化育一切眾生的佛國淨土，證悟遍滿無礙的覺。」

除了佛教的原典記錄了佛陀對舍利的定義外，擁有包括佛陀、阿底峽尊者、宗喀巴尊者等高僧舍利的西藏喇嘛梭巴仁波切，當有人問他這些舍利的價值在那時，他也說：「以前的人有緣親睹佛陀，而現在的我們卻只有瞻仰佛舍利的福報，我們無緣親見佛陀，但佛示現的舍利激發我們發願，並生起歸依的心，由歸依獲得佛陀的加持，進而使我們體證佛法。」

民國七十八年當佛光山由泰國迎回佛牙舍利時，星雲大師也曾言：「佛牙在哪裡？佛牙就在我們的心中，心中有佛，我們的心就是佛心，以佛心的慈悲與智慧去觀看世界，世間就是清淨祥和的淨土，讓我們將佛牙功德所薰的慈悲喜捨、圓融智慧常掛吾心。」星雲法師還引用《佛遺教經》說：「佛如良醫，知病說藥，服與不服，非醫咎也。佛如善導，導人善道，聞之不行，非導過也。」他認為，佛牙舍利的再現，對眾生而言，毋寧是一種激勵與啓示，激發我們每個人應該更加珍惜現有的福報，進而勤奮培植未來的福報，舍利可以激勵我們每個人要收攝自己的身心，發揮慈悲智慧的本。

此外，印順法師也說：「我們所以尊敬佛的舍利，佛弟子的舍利，主要的理由，還是由於大師們生前的功德——慈悲智慧，自利利人的德業。」「由於佛及佛弟子的甚深功德，所以供奉舍利，能使人引發信心、向上心，能激起人類的善念，鼓舞人類引向眞理的追求。」

從二千六百年前的釋迦牟尼佛到現今尚存的高僧大德，他們對舍利的意義及價値的看法，竟是如此不謀而合，可見英雄所見略同。

信心乃是信仰之本

印順導師曾說：「物質有物質的世界，意識有意識的內容，道德有道德的領域，宗教有宗教的境地，處理物質那一套分析實驗，是不能通用於一切的。」不知讀者看了這本書之後有何感想，但強調舍利子的神祕稀少、不凡珍貴等都不該是舍利子本身要予世人的意義，如果筆者下筆時讓讀者有如此的感覺，實乃筆者本身不夠成熟所致，絕非筆者內心所願。

在佛教中有「四依」原則：

依法不依人

依義不依語

依了義不依不了義
依智不依識

此四依往往給在追尋眞理的人一個最佳指南，告誡凡人不要對上師有偶像崇拜的行爲，也不要在字面上去推敲一句話的對錯，而要做全面性的了悟，更不要以有限的知識去看待眞理。眞正重要的是所闡述的眞理，而不在說法的人，眞正重要的是一個可以讓你我更了解自己的眞理；是一個可以解決人生諸多問題的眞理；是一個可以使我們與眞理同在的眞理。

因此，舍利子所呈現的意義，絕不會是在強調其神奇與珍貴，應如同印順導師所言：「佛及弟子的舍利受到尊敬與供養，是由於佛及弟子，曾依此遺物，引發智慧慈悲等功德，開示人生的眞義，化導無數人，去惡向善，進而於至善的境地。」因此，不論世人如何看待舍利（子），或舍利子在未來的科學發展中將如何被解讀，筆者相信，在「信仰」的基礎下，在「宗教心」的選擇下，舍利子將永遠不失其光輝。

舍利子常識

Q 哪個國家有慶祝佛陀舍利的宗教慶典？

A 斯里蘭卡。每年七月底或八月初，在坎底市都有爲該國國寶佛牙而舉行的遊行。

橡樹林文化 ❖❖ 善知識系列 ❖❖ 書目

JB0001	狂喜之後	傑克·康菲爾德◎著	380 元
JB0002	抉擇未來	達賴喇嘛◎著	250 元
JB0003	佛性的遊戲	舒亞·達斯喇嘛◎著	300 元
JB0004	東方大日	邱陽·創巴仁波切◎著	300 元
JB0005	幸福的修煉	達賴喇嘛◎著	230 元
JB0006	與生命相約	一行禪師◎著	240 元
JB0007	森林中的法語	阿姜查◎著	320 元
JB0008	重讀釋迦牟尼佛	陳兵◎著	320 元
JB0009	你可以不生氣	一行禪師◎著	230 元
JB0010	禪修地圖	達賴喇嘛◎著	280 元
JB0011	你可以不怕死	一行禪師◎著	250 元
JB0012	平靜的第一堂課——觀呼吸	德寶法師 ◎著	260 元
JB0013	正念的奇蹟	一行禪師◎著	220 元
JB0014	觀照的奇蹟	一行禪師◎著	220 元
JB0015	阿姜查的禪修世界——戒	阿姜查◎著	220 元
JB0016	阿姜查的禪修世界——定	阿姜查◎著	250 元
JB0017	阿姜查的禪修世界——慧	阿姜查◎著	230 元
JB0018X	遠離四種執著	究給·企千仁波切◎著	280 元
JB0019	禪者的初心	鈴木俊隆◎著	220 元
JB0020X	心的導引	薩姜·米龐仁波切◎著	240 元
JB0021X	佛陀的聖弟子傳 1	向智長老◎著	240 元
JB0022	佛陀的聖弟子傳 2	向智長老◎著	200 元
JB0023	佛陀的聖弟子傳 3	向智長老◎著	200 元
JB0024	佛陀的聖弟子傳 4	向智長老◎著	260 元
JB0025	正念的四個練習	喜戒禪師◎著	260 元
JB0026	遇見藥師佛	堪千創古仁波切◎著	270 元
JB0027	見佛殺佛	一行禪師◎著	220 元
JB0028	無常	阿姜查◎著	220 元
JB0029	覺悟勇士	邱陽·創巴仁波切◎著	230 元

JB0030	正念之道	向智長老◎著	280元
JB0031	師父——與阿姜查共處的歲月	保羅．布里特◎著	260元
JB0032	統御你的世界	薩姜．米龐仁波切◎著	240元
JB0033	親近釋迦牟尼佛	髻智比丘◎著	430元
JB0034	藏傳佛教的第一堂課	卡盧仁波切◎著	300元
JB0035	拙火之樂	圖敦．耶喜喇嘛◎著	280元
JB0036	心與科學的交會	亞瑟．札炯克◎著	330元
JB0037	你可以，愛	一行禪師◎著	220元
JB0038	專注力	B．艾倫．華勒士◎著	250元
JB0039	輪迴的故事	慈誠羅珠堪布◎著	270元
JB0040	成佛的藍圖	堪千創古仁波切◎著	270元
JB0041	事情並非總是如此	鈴木俊隆禪師◎著	240元
JB0042	祈禱的力量	一行禪師◎著	250元
JB0043	培養慈悲心	圖丹．卻准◎著	320元
JB0044	當光亮照破黑暗	達賴喇嘛◎著	300元
JB0045	覺照在當下	優婆夷　紀．那那蓉◎著	300元
JB0046	大手印暨觀音儀軌修法	卡盧仁波切◎著	340元
JB0047X	蔣貢康楚閉關手冊	蔣貢康楚羅卓泰耶◎著	260元
JB0048	開始學習禪修	凱薩琳．麥唐諾◎著	300元
JB0049	我可以這樣改變人生	堪布慈囊仁波切◎著	250元
JB0050	不生氣的生活	W. 伐札梅諦◎著	250元
JB0051	智慧明光：《心經》	堪布慈囊仁波切◎著	250元
JB0052	一心走路	一行禪師◎著	280元
JB0054	觀世音菩薩妙明教示	堪布慈囊仁波切◎著	350元
JB0055	世界心精華寶	貝瑪仁增仁波切◎著	280元
JB0056	到達心靈的彼岸	堪千．阿貝仁波切◎著	220元
JB0057	慈心禪	慈濟瓦法師◎著	230元
JB0058	慈悲與智見	達賴喇嘛◎著	320元
JB0059	親愛的喇嘛梭巴	喇嘛梭巴仁波切◎著	320元
JB0060	轉心	蔣康祖古仁波切◎著	260元
JB0061	遇見上師之後	詹杜固仁波切◎著	320元
JB0062	白話《菩提道次第廣論》	宗喀巴大師◎著	500元

JB0063	離死之心	竹慶本樂仁波切◎著	400 元
JB0064	生命真正的力量	一行禪師◎著	280 元
JB0065	夢瑜伽與自然光的修習	南開諾布仁波切◎著	280 元
JB0066	實證佛教導論	呂真觀◎著	500 元
JB0067	最勇敢的女性菩薩——綠度母	堪布慈囊仁波切◎著	350 元
JB0068	建設淨土——《阿彌陀經》禪解	一行禪師◎著	240 元
JB0069	接觸大地—與佛陀的親密對話	一行禪師◎著	220 元
JB0070	安住於清淨自性中	達賴喇嘛◎著	480 元
JB0071/72	菩薩行的祕密【上下冊】	佛子希瓦拉◎著	799 元
JB0073	穿越六道輪迴之旅	德洛達娃多瑪◎著	280 元
JB0074	突破修道上的唯物	邱陽・創巴仁波切◎著	320 元
JB0075	生死的幻覺	白瑪格桑仁波切◎著	380 元
JB0076	如何修觀音	堪布慈囊仁波切◎著	260 元
JB0077	死亡的藝術	波卡仁波切◎著	250 元
JB0078	見之道	根松仁波切◎著	330 元
JB0079	彩虹丹青	祖古・烏金仁波切◎著	340 元
JB0080	我的極樂大願	卓千拉貢仁波切◎著	260 元
JB0081	再捻佛語妙花	祖古・烏金仁波切◎著	250 元
JB0082	進入禪定的第一堂課	德寶法師◎著	300 元
JB0083	藏傳密續的真相	圖敦・耶喜喇嘛◎著	300 元
JB0084	鮮活的覺性	堪千創古仁波切◎著	350 元
JB0085	本智光照	遍智　吉美林巴◎著	380 元
JB0086	普賢王如來祈願文	竹慶本樂仁波切◎著	320 元
JB0087	禪林風雨	果煜法師◎著	360 元
JB0088	不依執修之佛果	敦珠林巴◎著	320 元
JB0089	本智光照—功德寶藏論　密宗分講記	遍智　吉美林巴◎著	340 元
JB0090	三主要道論	堪布慈囊仁波切◎講解	280 元
JB0091	千手千眼觀音齋戒—紐涅的修持法	汪遷仁波切◎著	400 元
JB0092	回到家，我看見真心	一行禪師◎著	220 元
JB0093	愛對了	一行禪師◎著	260 元
JB0094	追求幸福的開始：薩迦法王教你如何修行	尊勝的薩迦法王◎著	300 元
JB0095	次第花開	希阿榮博堪布◎著	350 元

JB0096	楞嚴貫心	果煜法師◎著	380 元
JB0097	心安了，路就開了： 讓《佛說四十二章經》成為你人生的指引	釋悟因◎著	320 元
JB0098	修行不入迷宮	札丘傑仁波切◎著	320 元
JB0099	看自己的心，比看電影精彩	圖敦．耶喜喇嘛◎著	280 元
JB0100	自性光明──法界寶庫論	大遍智　龍欽巴尊者◎著	450 元
JB0101	穿透《心經》：原來，你以為的只是假象	柳道成法師◎著	380 元
JB0102	直顯心之奧秘：大圓滿無二性的殊勝口訣	祖古貝瑪．里沙仁波切◎著	500 元
JB0103	一行禪師講《金剛經》	一行禪師◎著	320 元
JB0104	金錢與權力能帶給你什麼？ 一行禪師談生命真正的快樂	一行禪師◎著	300 元

橡樹林文化 ❖❖ 蓮師文集系列 ❖❖ 書目

JA0001	空行法教	伊喜．措嘉佛母輯錄付藏	260 元
JA0002	蓮師傳	伊喜．措嘉記錄撰寫	380 元
JA0003	蓮師心要建言	艾瑞克．貝瑪．昆桑◎藏譯英	350 元
JA0004	白蓮花	蔣貢米龐仁波切◎著	260 元
JA0005	松嶺寶藏	蓮花生大士◎著	330 元
JA0006	自然解脫	蓮花生大士◎著	400 元

橡樹林文化 ❖❖ 圖解佛學系列 ❖❖ 書目

JL0001	圖解西藏生死書	張宏實◎著	420 元
JL0002	圖解佛教八識	洪朝吉◎著	260 元

橡樹林文化 ❖❖ 衆生系列 ❖❖ 書目

JP0001	大寶法王傳奇	何謹◎著	200 元
JP0002X	當和尚遇到鑽石（增訂版）	麥可・羅區格西◎著	360 元
JP0003X	尋找上師	陳念萱◎著	200 元
JP0004	祈福 DIY	蔡春娉◎著	250 元
JP0006	遇見巴伽活佛	溫普林◎著	280 元
JP0009	當吉他手遇見禪	菲利浦・利夫・須藤◎著	220 元
JP0010	當牛仔褲遇見佛陀	蘇密・隆敦◎著	250 元
JP0011	心念的賽局	約瑟夫・帕蘭特◎著	250 元
JP0012	佛陀的女兒	艾美・史密特◎著	220 元
JP0013	師父笑呵呵	麻生佳花◎著	220 元
JP0014	菜鳥沙彌變高僧	盛宗永興◎著	220 元
JP0015	不要綁架自己	雪倫・薩爾茲堡◎著	240 元
JP0016	佛法帶著走	佛朗茲・梅蓋弗◎著	220 元
JP0018C	西藏心瑜伽	麥可・羅區格西◎著	250 元
JP0019	五智喇嘛彌伴傳奇	亞歷珊卓・大衛－尼爾◎著	280 元
JP0020	禪　兩刃相交	林谷芳◎著	260 元
JP0021	正念瑜伽	法蘭克・裘德・巴奇歐◎著	399 元
JP0022	原諒的禪修	傑克・康菲爾德◎著	250 元
JP0023	佛經語言初探	竺家寧◎著	280 元
JP0024	達賴喇嘛禪思 365	達賴喇嘛◎著	330 元
JP0025	佛教一本通	蓋瑞・賈許◎著	499 元
JP0026	星際大戰・佛部曲	馬修・波特林◎著	250 元
JP0027	全然接受這樣的我	塔拉・布萊克◎著	330 元
JP0028	寫給媽媽的佛法書	莎拉・娜塔莉◎著	300 元
JP0029	史上最大佛教護法－阿育王傳	德千汪莫◎著	230 元
JP0030	我想知道什麼是佛法	圖丹・卻淮◎著	280 元
JP0031	優雅的離去	蘇希拉・布萊克曼◎著	240 元
JP0032	另一種關係	滿亞法師◎著	250 元
JP0033	當禪師變成企業主	馬可・雷瑟◎著	320 元

JP0034	智慧 81	偉恩．戴爾博士◎著	380 元
JP0035	覺悟之眼看起落人生	金菩提禪師◎著	260 元
JP0036	貓咪塔羅算自己	陳念萱◎著	520 元
JP0037	聲音的治療力量	詹姆斯．唐傑婁◎著	280 元
JP0038	手術刀與靈魂	艾倫．翰彌頓◎著	320 元
JP0039	作為上師的妻子	黛安娜．J．木克坡◎著	450 元
JP0040	狐狸與白兔道晚安之處	庫特．約斯特勒◎著	280 元
JP0041	從心靈到細胞的療癒	喬思．慧麗．赫克◎著	260 元
JP0042	27% 的獲利奇蹟	蓋瑞．賀許伯格◎著	320 元
JP0043	你用對專注力了嗎？	萊斯．斐米博士◎著	280 元
JP0044	我心是金佛	大行大禪師◎著	280 元
JP0045	當和尚遇到鑽石 2	麥可．羅區格西◎等著	280 元
JP0046	雪域求法記	邢肅芝（洛桑珍珠）◎口述	420 元
JP0047	你的心是否也住著一隻黑狗？	馬修．約翰史東◎著	260 元
JP0048	西藏禪修書	克莉絲蒂．麥娜麗喇嘛◎著	300 元
JP0049	西藏心瑜伽 2	克莉絲蒂．麥娜麗喇嘛◎等著	300 元
JP0050	創作，是心靈療癒的旅程	茱莉亞．卡麥隆◎著	350 元
JP0051	擁抱黑狗	馬修．約翰史東◎著	280 元
JP0052	還在找藉口嗎？	偉恩．戴爾博士◎著	320 元
JP0053	愛情的吸引力法則	艾莉兒．福特◎著	280 元
JP0054	幸福的雪域宅男	原人◎著	350 元
JP0055	貓馬麻	阿義◎著	350 元
JP0056	看不見的人	中沢新一◎著	300 元
JP0057	內觀瑜伽	莎拉．鮑爾斯◎著	380 元
JP0058	29 個禮物	卡蜜．沃克◎著	300 元
JP0059	花仙療癒占卜卡	張元貞◎著	799 元
JP0060	與靈共存	詹姆斯．范普拉◎著	300 元
JP0061	我的巧克力人生	吳佩容◎著	300 元
JP0062	這樣玩，讓孩子更專注、更靈性	蘇珊．凱瑟．葛凌蘭◎著	350 元
JP0063	達賴喇嘛送給父母的幸福教養書	安娜．芭蓓蔻爾．史蒂文．李斯◎著	280 元
JP0064	我還沒準備說再見	布蕾克．諾爾＆帕蜜拉．D．布萊爾◎著	380 元
JP0065	記憶人人 hold 得住	喬許．佛爾◎著	360 元

JP0066	菩曼仁波切	林建成◎著	320 元
JP0067	下面那裡怎麼了？	莉莎・瑞金◎著	400 元
JP0068	極密聖境・仰桑貝瑪貴	邱常梵◎著	450 元
JP0069	停心	釋心道◎著	380 元
JP0070	聞盡	釋心道◎著	380 元
JP0071	如果你對現況感到倦怠……	威廉・懷克羅◎著	300 元
JP0072	希望之翼：倖存的奇蹟，以及雨林與我的故事	茱莉安・柯普科◎著	380 元
JP0073	我的人生療癒旅程	鄧嚴◎著	260 元
JP0074	因果，怎麼一回事？	釋見介◎著	240 元
JP0075	皮克斯動畫師之紙上動畫《羅摩衍那》	桑傑・帕特爾◎著	720 元
JP0076	寫，就對了！	茱莉亞・卡麥隆◎著	380 元
JP0077	願力的財富	釋心道◎著	380 元
JP0078	當佛陀走進酒吧	羅卓・林茲勒◎著	350 元
JP0079	人聲，奇蹟的治癒力	伊凡・德・布奧恩◎著	380 元
JP0080	當和尚遇到鑽石 3	麥可・羅區格西◎著	400 元
JP0081	AKASH 阿喀許靜心 100	AKASH 阿喀許◎著	400 元
JP0082	世上是不是有神仙：生命與疾病的真相	樊馨蔓◎著	300 元
JP0083	生命不僅僅如此—辟穀記（上）	樊馨蔓◎著	320 元
JP0084	生命可以如此—辟穀記（下）	樊馨蔓◎著	420 元
JP0085	讓情緒自由	茱迪斯・歐洛芙◎著	420 元
JP0086	別癌無恙	李九如◎著	360 元
JP0087	什麼樣的業力輪迴，造就現在的你	芭芭拉・馬丁＆狄米崔・莫瑞提斯◎著	420 元
JP0088	我也有聰明數學腦：15 堂課激發被隱藏的競爭力	盧采嫻◎著	280 元
JP0089	與動物朋友心傳心	羅西娜・瑪利亞・阿爾克蒂◎著	320 元
JP0090	法國清新舒壓著色畫 50：繽紛花園	伊莎貝爾・熱志－梅納＆紀絲蘭・史朵哈＆克萊兒・摩荷爾－法帝歐◎著	350 元
JP0091	法國清新舒壓著色畫 50：療癒曼陀羅	伊莎貝爾・熱志－梅納＆紀絲蘭・史朵哈＆克萊兒・摩荷爾－法帝歐◎著	350 元
JP0092	風是我的母親	熊心、茉莉・拉肯◎著	350 元
JP0093	法國清新舒壓著色畫 50：幸福懷舊	伊莎貝爾・熱志－梅納＆紀絲蘭・史朵哈＆克萊兒・摩荷爾－法帝歐◎著	350 元

JP0094	走過倉央嘉措的傳奇：尋訪六世達賴喇嘛的童年和晚年，解開情詩活佛的生死之謎	邱常梵◎著	450 元
JP0095	【當和尚遇到鑽石 4】愛的業力法則：西藏的古老智慧，讓愛情心想事成	麥可・羅區格西◎著	450 元
JP0096	媽媽的公主病： 活在母親陰影中的女兒，如何走出自我？	凱莉爾・麥克布萊德博士◎著	380 元
JP0097	法國清新舒壓著色畫 50：璀璨伊斯蘭	伊莎貝爾・熱志－梅納＆紀絲蘭・史朵哈＆克萊兒・摩荷爾－法帝歐◎著	350 元
JP0098	最美好的都在此刻：53 個創意、幽默、找回微笑生活的正念練習	珍・邱禪・貝斯醫生◎著	350 元
JP0099	愛，從呼吸開始吧！ 回到當下、讓心輕安的禪修之道	釋果峻◎著	300 元
JP0100	能量曼陀羅：彩繪內在寧靜小宇宙	保羅・霍伊斯坦、狄蒂・羅恩◎著	380 元
JP0101	爸媽何必太正經！ 幽默溝通，讓孩子正向、積極、有力量	南琦◎著	300 元

橡樹林文化 ❖❖ 成就者傳紀系列 ❖❖ 書目

JS0001	惹瓊巴傳	堪千創古仁波切◎著	260 元
JS0002	曼達拉娃佛母傳	喇嘛卻南、桑傑・康卓◎英譯	350 元
JS0003	伊喜・措嘉佛母傳	嘉華・蔣秋、南開・寧波◎伏藏書錄	400 元
JS0004	無畏金剛智光：怙主敦珠仁波切的生平與傳奇	堪布才旺・董嘉仁波切◎著	400 元
JS0005	珍稀寶庫——薩迦總巴創派宗師貢嘎南嘉傳	嘉敦・強秋旺嘉◎著	350 元
JS0006	帝洛巴傳	堪千創古仁波切◎著	260 元
JS0007	南懷瑾的最後 100 天	王國平◎著	380 元
JS0008	偉大的不丹傳奇・五大伏藏王之一 貝瑪林巴之生平與伏藏教法	貝瑪林巴◎取藏	450 元

眾生系列 JP0102

舍利子，是什麼？

作　　者／洪宏
責任編輯／曹華
校　　對／張威莉
業　　務／顏宏紋

總 編 輯／張嘉芳
出　　版／橡樹林文化
城邦文化事業股份有限公司
104 台北市民生東路二段 141 號 5 樓
電話：(02)2500-7696　傳真：(02)2500-1951
發　　行／英屬蓋曼群島商家庭傳媒股份有限公司城邦分公司
104 台北市中山區民生東路二段 141 號 2 樓
客服服務專線：(02)25007718；25001991
24 小時傳眞專線：(02)25001990；25001991
服務時間：週一至週五上午 09:30 ～ 12:00；下午 13:30 ～ 17:00
劃撥帳號：19863813　戶名：書虫股份有限公司
讀者服務信箱：service@readingclub.com.tw
香港發行所／城邦（香港）出版集團有限公司
香港灣仔駱克道 193 號東超商業中心 1 樓
電話：(852)25086231　傳眞：(852)25789337
馬新發行所／城邦（馬新）出版集團【Cité (M) Sdn.Bhd. (458372 U)】
41, Jalan Radin Anum, Bandar Baru Sri Petaling,
57000 Kuala Lumpur, Malaysia.
電話：(603) 90578822　傳眞：(603) 90576622
Email：cite@cite.com.my

版面構成／歐陽碧智
封面設計／張家銘 ROOFTOP FACTORY ／ rooftop.chang@msa.hinet.net
印　　刷／中原造像股份有限公司

二版一刷／ 2015 年 7 月
ISBN ／ 978-986-5613-00-6
定價／ 320 元

城邦讀書花園
www.cite.com.tw

國家圖書館出版品預行編目（CIP）資料

舍利子，是什麼？ / 洪宏著 . -- 二版 . -- 臺北市：橡樹林文化，城邦文化出版：家庭傳媒城邦分公司發行，2015.07
面；　公分 . --（眾生系列；JP0102）
ISBN 978-986-5613-00-6（平裝）

1. 佛教信仰錄

225.84　　104009941

廣　告　回　函
北區郵政管理局登記證
北 台 字 第 10158 號

郵資已付　免貼郵票

104 台北市中山區民生東路二段 141 號 5 樓

城邦文化事業股份有限公司

橡樹林出版事業部　收

請沿虛線剪下對折裝訂寄回，謝謝！

|橡|樹|林|

書名：舍利子，是什麼？　書號：JP0102

橡樹林文化

讀者回函卡

感謝您對橡樹林出版社之支持，請將您的建議提供給我們參考與改進；請別忘了給我們一些鼓勵，我們會更加努力，出版好書與您結緣。

姓名：＿＿＿＿＿＿＿＿＿＿ □女 □男 生日：西元＿＿＿＿＿＿年

Email：＿＿＿＿＿＿＿＿＿＿＿＿＿＿＿＿＿＿＿＿＿＿

● 您從何處知道此書？

□書店 □書訊 □書評 □報紙 □廣播 □網路 □廣告 DM

□親友介紹 □橡樹林電子報 □其他＿＿＿＿＿＿＿＿

● 您以何種方式購買本書？

□誠品書店 □誠品網路書店 □金石堂書店 □金石堂網路書店

□博客來網路書店 □其他＿＿＿＿＿＿＿＿

● 您希望我們未來出版哪一種主題的書？（可複選）

□佛法生活應用 □教理 □實修法門介紹 □大師開示 □大師傳記

□佛教圖解百科 □其他＿＿＿＿＿＿＿＿

● 您對本書的建議：

＿＿＿＿＿＿＿＿＿＿＿＿＿＿＿＿＿＿＿＿＿＿＿＿

＿＿＿＿＿＿＿＿＿＿＿＿＿＿＿＿＿＿＿＿＿＿＿＿

＿＿＿＿＿＿＿＿＿＿＿＿＿＿＿＿＿＿＿＿＿＿＿＿

非常感謝您提供基本資料，基於行銷及客戶管理或其他合於營業登記項目或章程所定業務需要之目的，家庭傳媒集團（即英屬蓋曼群商家庭傳媒股份有限公司城邦分公司、城邦文化事業股份有限公司、書虫股份有限公司、墨刻出版股份有限公司、城邦原創股份有限公司）於本集團之營運期間及地區內，將不定期以 MAIL 訊息發送方式，利用您的個人資料於提供讀者產品相關之消費與活動訊息，如您有依照個資法第三條或其他需服務之務，得致電本公司客服。

我已經完全瞭解左述內容，並同意本人資料依上述範圍內使用。

＿＿＿＿＿＿＿＿＿＿＿＿（簽名）

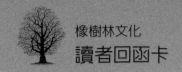